104歳、大好きな自宅の庭の前で
（撮影・中西裕人　写真協力・ハルメク編集部）

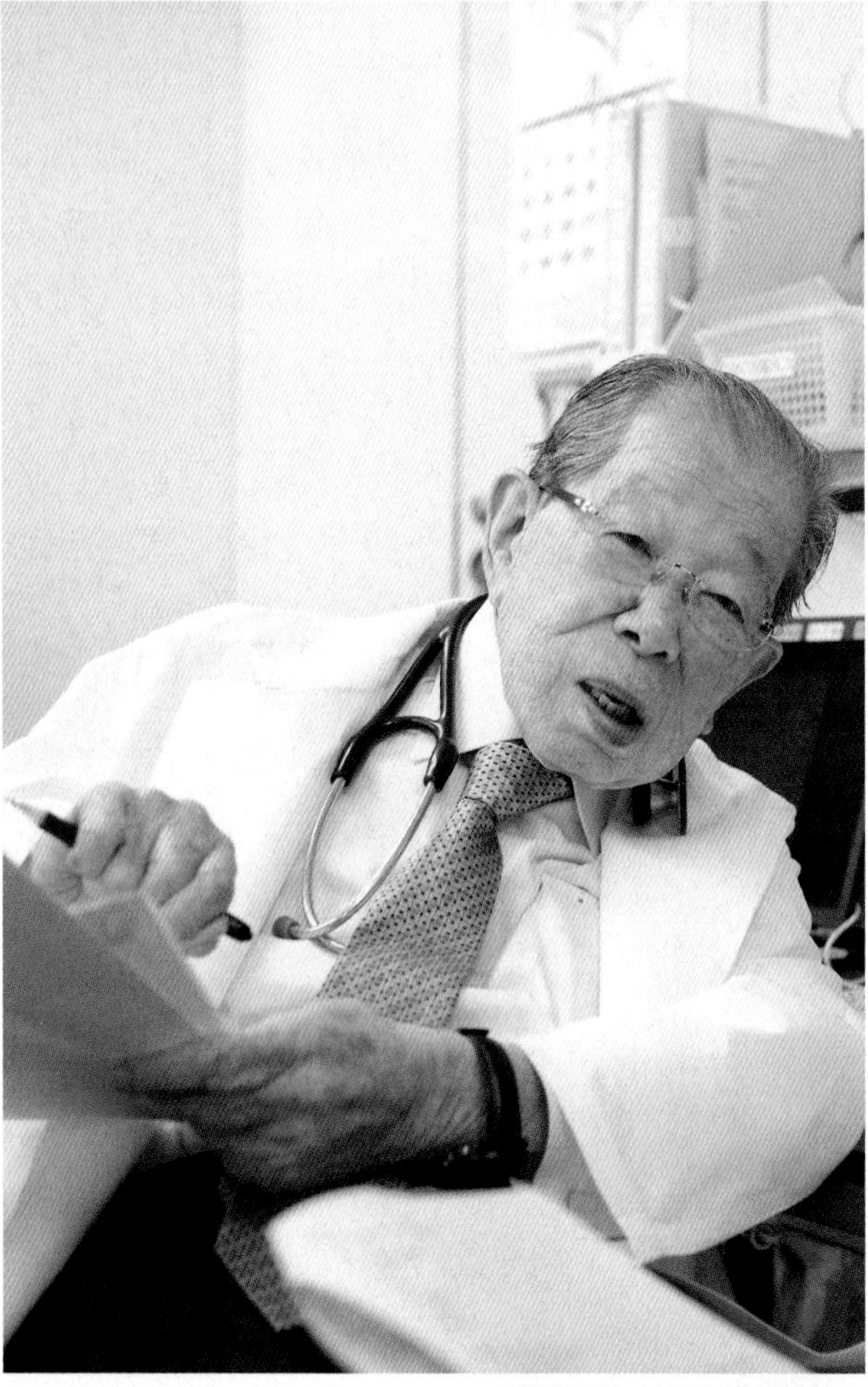

名誉院長を務めた聖路加国際病院で。
100歳を超えても週に一度は緩和ケア病棟で回診を続けていた
(撮影・中西裕人　写真協力・ハルメク編集部)

本書のインタビュアーであり音楽プロデューサーの輪嶋東太郎氏との講演活動も
意欲的に行った

102歳の時に出会った韓国人テノール歌手ベー・チェチョル氏と。日野原重明プロデュースとして全国でコンサートを開催した

晩年を共に過ごした次男の妻、
日野原眞紀さんと

今もなお、私たちに「キープオンゴーイング」と語りかけてくれる
（撮影・齋藤文護）

生きていくあなたへ
105歳 どうしても遺したかった言葉

日 野 原 重 明

幻冬舎文庫

生きていくあなたへ

105歳　どうしても遺したかった言葉

はじめに——言葉を杖にして

私はこれまでたくさん本を書いてきました。たくさんの人を前に講演をしてきました。本を書くとき、講演をするとき、私はなるべくたくさんの人に伝わりやすいようにと思い、言葉をつむいできました。

ですが今、いちばんしたいのは対話です。私のもとに来てくれた、たった一人の人に、言葉を遺《のこ》したい。残された命の時間、自分に与えられた体力を考えるほどに、その思いは強くなりました。

だからこの本は、読んでくださる一人一人、私とあなたとの対話の一冊です。

105年という人生の中で、いつも私を支えてくれたのは「言葉」でした。

新約聖書ヨハネによる福音書に、

「初めに言《ことば》があった。言は神と共にあった。言は神であった」

とあります。

私が言葉によって支えられてきたように、迷い傷ついたあなたの心へ、私の言葉が届くことを願っています。

今、このリビングルームに射《さ》してくるぽかぽかとした日の光につつまれた私は、長い生涯を一緒に歩んでくれた一人一人への感謝で胸をいっぱいにしながら、言葉を杖にとぼとぼと歩いている心境です。

生きていくあなたへ　105歳　どうしても遺したかった言葉　目次

第2章

愛すること

第3章

ゆるすことは難しい

第4章

大切なことはすぐにはわからない

第5章

未知なる自分との出会い

第1章

死は命の終わりではない

一粒の麦は、地に落ちて死ななければ、
一粒のままである。
だが、死ねば、多くの実を結ぶ。

新約聖書　ヨハネによる福音書　十二章二十四節

105歳になられた日野原先生、死ぬのはこわくないのですか？

恐ろしい……。あなたにそう聞かれるだけで恐ろしい……。

僕は、そう遠くない未来に自分が死ぬという事実を、とても恐ろしいことだと感じています。あなたに聞かれただけでも足がすくむような思いがします。僕は医者ですから、自分の身体が病によって弱っていること、その時が近づいてきている現実も感じています。

だからこそ、朝起きて自分が生きているということが、心から嬉しいのです。生きているからこそ、新しい一日をスタートできる。様々な出会いがある。105歳という年齢を迎えてもなお、僕にはまだ自分でも知らない自分がたくさんあり、その未知なる自分と出会えるということに、心からわくわくしているのです。

いっぽう「死」という事実だけを抜き出し、自分の心をのぞいてみると、目をそらしたくなるような恐怖が先にたってきます。死ぬということは人間にとって、また僕にとっても経験していない「未知」の部分なので恐ろしいのだと思います。自分が経験したことのないことについては確信が持てないからこそ、恐れの気持ちがわいてくるのでしょう。

もしあなたが、僕と同じように、死をこわいと思っているとすれば、それはごくごく自然な感情です。死を前に取り乱すことは恥ずかしいことでもなんでもありません。

イエス・キリストでさえ、十字架の刑にあわれる前に、なんとか助かることはできないのかと、ゲッセマネの園で神に祈ったのです。僕はそのことを思うと、自分の恐怖が幾分か慰められるのを感じます。

ただ「死ぬのが嫌だから生まれてこない」という人はいないように、人間は生まれた瞬間から死ぬことが決まっています。

死と生は切り離すことのできない一続きのもの、いや同じものなのです。

僕達は死ぬことから逃れられないし、逃れなくてもいい。死だけを凝視するのではなく、目を背《そむ》けるのでもなく、ただただ今生きている自分の命を輝かせていくこと。それこそが死と一つになった生を生きるということなのです。

どうか、僕に残されたこのかけがえのない時間を無駄にせず、与えられた使命をまっとうできますようにと、毎日祈りながら暮らしています。

○今までたくさんの人の死を見てきた先生にとって、死とはどのようなものですか？

「新しい始まり」という風に感じます。

死ぬということは、多くの人にとって、まるでとかげのしっぽがきれるように終わるものだと考えられていますが、たくさんの死をみとってきて感じるのは、終わりではなく、新しい何かが始まるという感覚です。

「一粒の麦は、地に落ちて死ななければ、一粒のままである。だが、死ねば、多くの実を結ぶ」。これは、聖書の中でも僕の好きな「ヨハネによる福音書」の一節です。

麦が死ぬというと、何かさびしいような気がするかもしれません。でもそうではなく、麦が地面に落ちれば、翌年にまた多くの実を結ぶことになる。つまり、一粒の麦は死ななければいけない、死ぬことによって、無数の麦の誕生につながるという希望を示しているのです。

僕は妻をはじめ、たくさんの親しい人を亡くしましたが、亡くなった後のほうが、むしろ生きていたときよりも、その人の姿が僕の中で鮮やかになっていくのを感じます。

そして彼らがかけてくれた言葉の意味が、死んだ後に、心の中でより深まっていくということを経験してきました。

たとえば妻とは、今もともにいるという感覚があるのですが、その実感は彼女が生きていたときよりも強くなっているのです。死によって、しっぽがきれるように終わるのではなく、今もなお続いている、しかも以前とは違うもっとはっきりとした形で……そういう感覚です。

だから僕自身も、死そのものはこわいのですが、そこで人生のすべてが終わるという感覚よりも、新しいものが始まる予感の中にいます。多くの人の死を経験し、そしてその時が自分にも確実に迫ってきている、この歳になって持つことのできた感覚です。

これまでは医者として人々を助けるためにこの世での時間を使ってきましたが、新しい世界でこそ僕の本当の仕事が始まるような気がしています。

本当の仕事をするとき、僕の肉体はこの世にないかもしれません。それでも、一粒の麦のように、死によって僕の遺した言葉が豊かに実っていくことを願っているのです。

年をとると病気をしたりよいことばかりではないと思うのですが……先生はそれでも105歳まで長生きして幸せだと思いますか？

105歳という年齢……。よく今日まで生きてこられたなと思います。神様のお恵みですね。

僕は今105歳、今年の秋に106歳になろうとしていますが、長生きそのものを目標にしてここまで生きてきたわけでもありません。

確かに僕も病を持ち、思い通りにならない自分自身と四苦八苦、戦いながらの毎日です。車椅子に乗るようになってからは、特に自分の思い通りにならない不自由なことが増えました。

それでもやはり長生きしてよかった。長く生きるというのは素晴らしい、そう思っています。というのも、100歳を超えたあたりから、自分がいかに本当の自分を知らないでいたかということを感じるからです。

世の中でいちばんわかっていないのは自分自身のことだ、ということに気づくことができました。これは、年をとってみないとわからない発見でした。

「人生の午後をどう生きるか。

選ぶ物差し、価値観が必要で、自分自身の羅針盤を持たなくてはならない。

午後は午前よりも長いから」

80代の頃の僕が書いた言葉です。僕なりに自分自身の羅針盤を探求し生きてきたつもりでしたが、100歳を超えた今、

「ああ、今まで探求してきたことはほんの一部であり、真の意味では、僕はまだまだ自分のことをまったく理解できていないのだな」と心から感じるようになりました。80歳の頃の自分がかわいかったなとさえ思います。

こういうと、これまでの人生を否定しているように聞こえるかもしれませんが、そうではなく、105歳の今、未知の自分を知ることができたという気づきに価値があるのです。

人生の午後が長いということは、幸せなことです。

物事の真理というのは、すぐにはわかるものではないと実感しています。時間をおき、繰《く》り返し考えることで、後になってだんだん本当の意味が姿を現すのです。

人生100年時代といわれる中で、長生きするのがこわいという人も多くいるでしょう。すぐに答えが出ないものには価値がないという見方をする人もいます。長生きすると孤独になるのではないか、とか、あるいは経済的な不安もあるでしょう。人生100年時代というのは、未知の世界ですから、未知のものを恐れる気持ち自体はしかたのないことだと思います。

ただ、長生きするということは、わからない自分と出会う時間がもらえるということです。完全にわかりきれるとは思わないけれど、自分の姿をどんどん知っていく喜びは年をとったことでより実感するようになりました。

あなたと今こうして話している瞬間にも「ああ、僕にはこういうところがあるんだな」と気づかされることの連続なのですから。

先生は命の尊さを伝える活動を続けてこられましたが、命とはどんなものなのでしょうか？

命とは、目には見えないけれど確かに存在する、エネルギー体のようなものです。

では、そのエネルギーはどこに存在するのかということですよね。

僕は長年、命の尊さを伝えることを使命として、「命の授業」というタイトルで全国の10歳の子ども達と交流してきました。

僕は、子ども達にこう問いかけます。

「命はどこにあると思う？」

そうすると子ども達は心臓のあたりを指したり、脳みそと答えたりするのです。

心臓は身体を動かすために働いている単なるポンプのようなものに過ぎないよ。脳みそはいろんなことを考え出す機能を持った身体の一部分でしかないんだよ、そして、「命というのは君達が使える時間の中にあるんだよ」と子ども達に伝えてきました。

僕は続けます。

君達は今、毎日朝ごはんを食べて、学校に来て勉強して、友達と遊んで……。これは誰のためにしてると思う？　すべて自分のためだよね。君達は、子どものうちは与えられている時間を全部自分のために使いなさい。だけれども、君達が大きくなったら、その時間をほかの人のため、社会のために使わないといけない。そう気づく時が必ず来るよ。だから大きくなって大人になったら、君達の時間をできるだけまわりの人のために使ってくださいね。そして地上での時間が終わったとき、神様が天秤《てんびん》を持って待っているのです。

生きてきた時間のうち、人のために使った時間が多いか、自分のために使った時間が多いかをはかって、人のために使ったほうが多い人が天国に行けるんだよ。

そう話すと、子ども達は目をきらきらさせて、僕の話を聞いてくれます。

子ども達は、大人よりもすんなりと理解してくれるものです。

「天の御国は子どものような心を持ったもののためにある」という意味の聖書の言葉があります。

命とは何であるか。

本当に理解しているのは、もしかしたら子どものほうかもしれないですね。

人目ばかりが気になります。自然に自分らしく生きていく秘訣はありますか？

太平洋戦争が終わったのが33歳。30代の僕は、自分がどう生きていくのか、医師としてどうやって人々を助けていくのか……。そういう思いを抱える自分と向き合っていました。そして、「ありのままの自分」で生きていくということを、よりいっそう意識するようになりました。

名誉、お金、地位、他人からの賞賛、そういうものに囚《とら》われていると、ありのままの自分というのはすぐに見えなくなってしまいます。

ありのままに生きるということは、飾ることなく、人からの評価に左右されることなく、自分に与えられた能力、環境を、自分がやるべきことのために使うという、難しいようでシンプルな働きなのです。

そういいながらも、人と人とのかかわりの中で生きていますから、ありのままに生きるということは、なかなか難しいことでもありますね。僕の生きた医者の世界というのも、多分に権威主義的なところがあり、僕自身もことあるごとに「今の自分は、ありのままだろうか」と悩んできたのです。

そしてありのままでいるためには、もう一つ大切なことがあります。

無理をしない、「あるがまま」でいるということだと思います。

ありのままでいられないときというのは、こうありたいという理想の自分や、こうあってほしいと願う環境と現実との間に差が生じ、悩んでいるという場合が多いのではないでしょうか。

誰でもこうありたいという自分の姿があるものです。その理想がかなわないときは、自分のことが嫌になったり、自暴自棄になったりするものです。でも誰が受け入れてくれなくても、そのままのあなたを大切にしてほしいのです。

頑張って精一杯生きている自分を受け入れ、その中で一生懸命やり続ける。そしてうまくいかない環境をも受け入れるのです。自分の努力で変えられることと、どんなに頑張っても変えられないことがある。その変えられない現実の中で、真心をこめて生きたとき、きっと神様が働いてくださる。そう信じて委《ゆだ》ねるのです。

真剣に生きることと、無理をして背伸びをするということは、似ているようでまったくの別物なのです。

聖書にこんな言葉があります。

「明日のことまで思い悩むな。明日のことは明日自らが思い悩む。その日の苦労は、その日だけで十分である」（マタイによる福音書）

「あなたがたのうちのだれが、思い悩んだからといって、寿命をわずかでも延ばすことができようか」（ルカによる福音書）

世の中というのはなかなか自分の「こうしたい」という思い通りにはなりません。

そもそも今、この環境にあなたが生まれてきたことだって、私達の思うとおりのことではないでしょう?

人目を気にせずあなたが自然体で生きていくようになるために、まずは一歩勇気を出して行動してみてください。

そして今与えられているそのままのあなたを、大きな存在に委ねるということを始めてみてほしいのです。

最愛の人が重い病気に。何と声をかけたらいいのかわからず自分の無力さを感じます

人間というのは不思議な力を持っていて、病によって弱められるのだけれど、やがてその弱さの中からある種の強さというのが立ち上がってくるものなのです。僕はそういう患者さんをたくさん見てきました。聖書にある「力は弱さの中でこそ十分に発揮されるのだ」という言葉のとおりのできごとでした。

僕も今病を頂《いただ》きましたが、自分の状態を心の中で観察すると、たとえば

病と相撲をとっているような感覚です。

はじめに病と自分の身体がばーんとぶつかる。そして土俵の上でがっぷり四つを組んで押し合いへし合いするうちに、勝負の敵《かたき》だったはずの相手との間に何か絆《きずな》のようなものが生まれてくるのです。

そうすると、自分が戦っていたのが、実は病そのものではなく、病によって表出した「こうありたい理想の自分」だったということに気づくのです。僕が見てきた多くの患者さんも同じような気持ちだったのだと思います。

命があり健康なときは、そのありがたみに気づかずに、足りないものを数えて不平不満ばかり……そんなことはなかったでしょうか？

確かに病は、筆舌に尽くしがたい苦痛を伴いますが、これまでの無知だった自分をいさめ、感謝という恵みを私達にもたらしてくれます。

もしあなたが今、最愛の人の病によって、その幸福に気づいたのなら、まずはその最愛の人に感謝の気持ちを伝えてあげてください。そして、ともにいることを喜び、ともにいられる時間に感謝し、その時間が少しでも長く続くよう祈りながら、励まし寄り添ってあげてください。

自分が相手の立場になったとき、かけてほしい言葉を探してください。してほしいことをしてあげてください。「あなたの隣人をあなたと同じように愛しなさい」という聖句があります。この言葉の意味を僕は医師として、心に刻んで歩いてきました。

僕も今、人生で最後にして最大の相撲をとっているさなかです。

もう、この身体は病というものから脱出することはできません。この相撲をとり続けるしかないのです。僕はまだ、死に向かう自分というものを捉《とら》えきることができない。

105年という人生、病を持つ人を助けたいと医者として生きてきながら、今ようやく僕は初めて真剣に自分の身体と向き合う機会を与えられました。

僕もまた、この病を神の恵みであると感じずにはいられません。

◯延命治療について、どう思いますか？

非常に難しい問題ですね……。

僕が若かったときでは考えられないほど医学が発達し、その発展のおかげで、昔では救えなかったたくさんの命を救うことができるようになりました。僕も患《わずら》いましたが、昔は結核でたくさんの人が死にました。今では考えられないことですが……。結核は一例ですが、医学の発展によって、昔だったら死ななくてはならなかった様々な場面で、今は「生命体としての命」を維持することが可能になっています。

その一つが、延命治療ということになるのですが、それを受けるかどうかについては、やはりその方本人の死生観が大きくかかわってきます。命とは何なのか、生きるとは何なのか、という考えと無関係ではありえないでしょう。また、徐々にそのような治療を必要とする場合もあれば、思いもよらず突然にその選択を迫られる場合もあります。

答えのあるものではありません。全員にあてはまる正解の形はないのです。生きることをどう捉えるかということについては、それぞれ考え方があるでしょう。

僕自身は先ほどもいいましたが、命とは時間の中にあると思っています。そしてその時間をどう使うか、使う目的がある以上、生きる価値がある。命を使うと書いて「使命」といいます。使命のある限り、生きる意味があると信じている僕ですが、いざ自分が延命治療を必要とするような日が来たとき、どう選択するかはわかりません。なぜなら、そのときの僕は、今の僕ではないからです。どの選択をしたとしても、この命を与えてくださった神様の思いに従い、感謝できる者でありたい。そうとしか答えられないというのが正直な思いです。

同時に、少なくとも今の僕として、そのような時が来たらどう思っているか、それを家族に伝えておかないといけないと思っています。選択を迫られたときに僕が自分で判断できない状況や、意思が伝えられない状態であったならば、その瞬間の決定は家族に委ねることになります。愛する家族は苦しむでしょう。

だからこそ、日頃から家族と命というものについて、語り合うことが大切だと思うのです。もし僕の意思が伝えられない状態の場合、僕のことを理解してくれる人が苦しみの中で選択したこと、そのことを感謝して受け入れ、あるがままに逝《い》くしかないのです。

書斎のファイルから①

人生をどう生きるかということと、死を迎える覚悟は表裏の関係にあります

書斎のファイルから②

「生きる」とは死に近づくこと。
死の床で死を彫刻することはできない。
死に至る前に、その死の顔づくりが
自分でなされていなくてはいけない

書斎のファイルから③

病む人の喜びを私の喜びにしよう。
病む人の悲しみを私の悲しみにしよう。
病む人から与えられる鍵で、
私たちの心の扉をひらこう

書斎のファイルから④

人間は自分が死ぬということを
あらかじめはっきりと知っている
生きものである

第2章

愛すること

いつまでも残るのは信仰と希望と愛です。
その中で一番すぐれているのは愛です。

新約聖書　コリントの信徒への手紙　一　十三章十三節

愛することと愛されること、先生はどちらを重視しますか？

僕は幸い、周囲の人に恵まれ、たくさんの愛を頂いてきました。僕の生きる力、エネルギー源となるものです。そしてそれは、「求めよ。さらば与えられん」という聖書の言葉のとおり、僕が愛を求め続けてきた結果なのだと思います。愛することと愛されること、というのは、与える愛と与えられる愛、と言い換《か》えることもできますね。

古今東西、人間にとって愛は大きなテーマです。愛してほしいというのは当たり前の感情です。人は一人では生きていくことはできませんし、誰かを愛したとき、その人に愛されたいと感じるのが人というものでしょう。

では、愛されるためにはどうしたらいいでしょうか。僕が聞いた、とても素敵な話があります。

イタリアの大歌手フィオレンツァ・コッソットが、舞台に出るときの話です。75歳まで異例の長い舞台生活を送った彼女には、聴衆と一体になり、愛されるための秘訣があるそうです。

ステージの上で何千人も前にして、自分というものを音楽の中で表現する、つまりさらけ出すという行為をするときに、心の中でいちばんの障壁《しょうへき》となるのが、聴衆に自分は愛されているだろうかという不安に襲われることだそうです。

もしも何千人もの聴衆の中の一人でも自分を嫌っているのではないかと思うと、その瞬間に自分を見失ってしまうかもしれない。そんな繊細な心を持った彼女は、あるとき気がついたそうです。

今日この会場にいる全員に愛されるためには、まず私が今日ここにいる全員を心から愛さなければいけないのだと。

それから彼女は、舞台に出るときはいつも、心の中で一人一人に「私はあなたのことを愛しています」という思いを伝えるのだそうです。

そうすると必ずその気持ちが聴衆に伝わる。

異例ともいえる彼女の長いキャリアは、彼女自身と聴衆との愛の交歓によって成り立ったのかもしれません。

医者として、クリスチャンとして、そして音楽や執筆などの活動を通じて、僕は自分以外の誰かのためにできることを考え続けてきました。そのことが、結果として、僕を愛で満たしてくれたのではないかと思います。

愛されたいと求めるとき、人は、自分の内側にある理想の愛に相手を合わせようとしていることが多いのです。それは本当の意味で相手を愛していることにはなりません。愛するということは、相手のそのままを受け入れて大切に思うことです。相手を見ないで、自分のことばかりを見ていたら、もしも誰かがあなたに愛を向けてくれていても、気づけませんよね。

人を好きになったとき、相手が自分に投げかけてくれる思いが、たとえ今のあなたの望むとおりのものでなかったとしても、ちょっと勇気を出して、それを受け止めてみましょう。そこには嫌なものも醜いものもあるかもしれません。しかしそれ以上に、素晴らしい何かや美しいものに出会うことが多々あるものです。

誰かをありのままに愛したとき、自分のありのままの姿を愛《いと》おしく思えると僕は信じています。

○ 長年連れ添った夫に死なれ、毎日さびしくてしかたありません。早く忘れる方法はありますか？

僕の妻は残念ながら、93歳で僕より先に逝ってしまいました。人生の中であれほど大切なものをともにした妻、静子。

清貧をよしとし、そのまじめで清廉潔白《せいれんけつぱく》な人柄から「田園調布のマリア様」と呼ばれていました。それまで当たり前のようにそばにいたのですから、肉体がなくなってしまったということはやはりとてもさびしいものです。

しかしその一方で、彼女の姿が、ますます、いやむしろ生きていたときよりも鮮やかになっているのを感じます。それが魂というものなのかもしれません。僕と妻は魂でつながって、実際に今も一緒に生きているように感じるのです。

考えてみたら不思議なことです。目に見えなくなった人の姿が、後々まで、生きていたとき以上に、僕達に大きな力を与えるということがあるのです。見えないものの中にこそ物事の本質があるということを、妻は今でも僕に教えてくれているのです。

僕の大好きな作品、サン＝テグジュペリの『星の王子さま』の中に、「心で見なくちゃ、ものごとはよく見えないってことさ。かんじんなことは、目に見えないんだよ」という言葉が出てきます。

とても意味深い言葉です。見えなくても信じられる、そういう幸せを僕は妻に教えてもらっているのです。

日本で初めてのハイジャック事件となった、よど号事件から無事帰還できたとき、妻と抱き合ったあの一体感、あの瞬間というものは、今もはっきりと続いている感覚です。

あのとき、妻と一緒に「これからは自分の命を人のために使おう」と泣きながら決意したことが、その後の僕の人生の支えになり、今日まで歩き続けることができたからです。

亡くなった人のことを胸においてその人のことをイメージし続けていると、

そこに本当の私が見えてくる。大切な人が遺してくれた言葉とともに生きるということは、本当の自分を知るためにも必要なことだと思います。

◯ 家族や恋人、大事な人にほど きつい口調になってしまったり、素直に感情表現ができません

愛しているからこそ出た言葉なのに、近い間柄の人にうまく伝わらない。なんだかぎくしゃくしてしまう。

そういうこと、僕も今でもありますよ。日々反省することばかりです。

大切な人と接するときに僕が意識しているのは、相手によってではなく、常に自分自身の手で、心をやわらかい状態にしておくということです。

穏やかな物腰、感謝の笑顔、いたわりの言葉……、心がこわばっている状態ではできないことだらけです。だから心をやわらかくしなくちゃいけない。その大事なきっかけは常に自分の中に持っていたいのです。

でないと、今自分がきつい言葉をいってしまったとして、その原因を相手の態度に求めてしまうことになりかねないし、そうするとさらに関係がぎくしゃくしてしまいそうですから。

一方やわらかい心をつくるのは自分からだと決めておきさえすれば、相手との関係の中につめたいものを感じたとき、自分に原因があるのではないかと改善できる余地もありますし、たとえ愛している人がつんけん怒っていたとしても、なんだかかわいいなという気持ちもわいてくるものです。

あなたはきっと、身近な人を大切に思える優しい人。

だからこそ「こんなに思っているのに……」という気持ちをぐっとおさえ、まず自分から心をやわらかくする練習を始めてみてください。

僕も日々反省しながら、そうこころがけています。

○ 離婚を経験し、もうこんな思いはしたくなくて、新たな出会いを求められずにいます

どんな出会いにも、いつか必ず別れの時が来ます。

僕と妻も長く夫婦でいましたが、結局死によって別れる時が来ました。人はいつか必ず別れなくてはいけない。どれほどつらくても、曲げようもない事実であり、受け入れなくてはいけません。

出会いは感動を伴うけれども、その幸福感が大きければ大きいほど、別れ

の時に覚える喪失感も大きいものですね。

でも、生きることと死ぬことの片方だけを選べないように、出会いと別れというものも、どちらか一方だけをとるというわけにはいかないのです。


出会いと別れというのは一つのものなのです。


出会いに感動しながらも、この感動の正体はどこにあるのだろうと、さらにむずむずしてしまう、そんな経験があなたにはありませんか。

出会いがもたらしてくれる感動の本質が何であるのかということは、その人と一緒にいる間には、すぐにわからないものなのだと僕は感じます。

別れなければ、出会ったことの意味、本当の喜びを知ることはできません。

別れというものはすでに出会いの中に含まれているものだとすると、別れたくないからもう新たに出会いたくないという人もいるかもしれませんね。でも人は生まれてきたときから、他人と出会わずに生きていくことはできないのです。

愛する人と別れ、こんなにつらい思いをするならいっそ出会わなければ楽だったのではないか、という気持ちになる日もあると思います。あるいは、たくさんの別れに心が疲れ、新たな出会いを避けたり恐れたりする気持ちになることもあるでしょう。

人間とは弱いものです。

別れというのは本当に悲しいものですね。

それでも、別れるべきその日が来たならば、ただ悲しさを感じて終わりにするのではなく、別れが教えてくれる「出会いの意味」に目を向けてみてほしいのです。別れとは、出会いの中にあり、悲しく静かに僕たちが出会った本当の意味を再確認させてくれるものだからです。

たくさんの別れを経て、感動の正体を探し続けた今、僕は改めてそう感じているのです。

『星の王子さま』にこんな別れのシーンがあります。

王子さまが、自分の星に大切な薔薇《ばら》をおいてきてしまったことを後悔し、

「絆《きずな》を結んだ人と交わした約束には永遠の責任があるんだ」と言って帰っていくとき、王子さまは地球で出会った、大切な真の友である飛行士にこう告げます。

「悲しみはいつか和《やわ》らぐよ。

いつかその悲しい気持ちが和らいだら、僕と出会ってよかったって思うよ」

核家族や、子どもを持たない夫婦など、様々な家族の形が増えていますが、先生にとって家族とはどんなものでしょうか?

「家族とは何か」と問われたら、僕は「一緒に食卓を囲む存在」だと答えます。そこに血のつながりは関係ありません。

食事をともにできるということ、それ自体がどんなに素晴らしいことか。

それはホームドラマに出てくるような理想の家族団らん、笑顔でいっぱいの食卓でなくてもいいのです。あたりまえのように食卓につき一緒に食事ができるということ、それ自体が家族に許された特別な恵みなのです。

あなたがあたたかい家庭をつくりたいと思うなら、ぜひその人と食事をともにしてみてください。一緒に食事ができること、それが与えられたことの喜びと感謝を、相手と分かち合ってほしいと思います。世の中には、どんなに望んでも大切な人と食事をすることができない人が大勢いるのです。

僕の家族は、日々の食事を通して、僕の好き嫌いや健康状態に気を配ってくれる。これほど嬉しいことはないですね。これこそが食事をともにすることで得られる絆なのです。日々感謝の気持ちでいっぱいです。

レオナルド・ダ・ヴィンチの『最後の晩餐《ばんさん》』という絵があります。ここにはイエス・キリストが弟子達と晩餐をともにしている様子が描かれています。

食事をともにすることで、イエスが弟子達と家族のように一体化している、最高の姿だと思います。

弟子達の中にはイエスを裏切ろうとする者もいますが、イエスはそれを知りながらもともに食事をしようとするのですから、深く考えさせられる情景です。

イエスが裏切り者とも一緒に食事をしたのと同じように、あなたも自分にとっていつも都合のいい人とだけ食卓を囲めるわけではないでしょう。

家族というのは長い年月をともにするものなので、様々な時期があると思います。それでも家族になったのだから、一緒に食事をする。そんな風に考えていれば、きっと本当の意味での家族をつくることができるのではないでしょうか。

僕達が誰かと仲良くなりたいなと思ったとき、相手に「ごはん食べに行こうよ」と誘うのも、食事をすることで一体感が生まれるということを、家庭の中で学んできたからなのではないかと思うのです。

◯ 先生はたくさんの方と交流されてきて、お友達も多くお幸せですね。うらやましいです

実は、僕は友達が多いほうではありません。

確かに数多くの人と出会い、交流を重ね、そのたくさんの出会いは僕の中で宝となっているのですが、本当の友達というのは、ごく少ないといっていいでしょう。ただ、正直にいえば、友達がたくさんいればいいというものではないと思っているのです。

たった一人でも、真の友と呼べる人がいれば、僕の心は満たされるからで

す。

よく友達が少なくてさびしいという人がいますが、数が少ないからさびしいのではなく、本当の意味での友達がいないことがさびしさにつながっているのではないかと感じます。

では、本当の友達とはいったいどんな存在なのでしょうか。

僕にとっては、僕のために祈ってくれる人です。

誰かのために祈る行為とは、相手を自分のことのように思うということです。どんなに互いの境遇が変わっても、何年も言葉を交わしていなかったとしても、僕のことを自分のごとく感じ、僕が受けた痛みを一緒に悲しみ、僕の幸福を一緒に願ってくれる、そんな真の友がいれば、どんなに人生は心強いものになるでしょうか。

では、そのたった一人の友を見つけるためにはどうしたらいいのか……。大切なのはインスピレーションです。もし誰かと出会って、この人だと感じたら、その感覚を信じてみてください。

そしてもっと重要なのは、インスピレーションを感じた相手と時間を過ごし、ともに歩き、いつか一緒の「舞台」に立つということです。

舞台とは、その友が命をかけて臨んでいる恐ろしい場です。真の友になるためには一緒に苦難を乗り越えていく必要があるからです。

夫婦も同じです。本物の苦難を乗り越えた夫婦というのは、やがて真の友になっていけるのだと思います。

先生は医療を通じて、どのように患者さんへ愛を表してきたのですか？

医学とはサイエンス（科学）の上に成り立っているアート（芸術）である。このウィリアム・オスラーの言葉は、生涯を通じた、医師としての僕の信条です。

そもそも古代の医学には、サイエンスはほとんど存在しませんでしたから、医師の大きな仕事は患者の痛みを心の側面から癒《い》やすことだったのです。それのどこがアートなのかという疑問もわかります。きっと、アートというと音楽や絵画などをイメージする方が多いかもしれません。しかし僕には、この言葉の意味がよくわかります。

音楽も絵画も技術の素晴らしさが人を感動させるのではなく、そこに秘められた優しさや悲しみ、愛が人々を魅了するのです。医療も同じで、高い技術を駆使したところで、患者さんを本当の意味で苦しみから解放してあげられるとは限らないのです。そして現代の医学では治療方法のない、つまり科学が敗北しなくてはならない病気も多く存在します。

でもそのような人にも、もしも医学がアートなのだとすれば、科学に出る幕がなくなった後も、その人のためにできることに終わりはないのです。

医師が患者のことを心から思い、笑顔で優しい言葉をかけること、手を握ったりさすってあげたりして、話を聞いてあげること、そこには限りがありません。そのことで痛みや苦痛が驚くほど和らいだ患者さんの姿を、数限りなく見てきました。

宮沢賢治の『セロひきのゴーシュ』の世界もこれを教えてくれます。ゴーシュのひくセロの音色で野ネズミの腹痛が癒やされる。そのあたりで暮らすネズミ達はお腹が痛くなると、ゴーシュの家の床下にやってきて、セロの音を聞くのです。そしてそのゴーシュもまた、野ネズミや子ダヌキ、カッコウなど、小さく弱い動物達からセロのひき方を学ぶのです。

この話は、僕に医者と患者が与え合い一体となる、その素晴らしさを教えてくれます。

宮沢賢治は、医療という行為についても、僕に絶大なインスピレーションを与えてくれました。

音楽や絵画、優れた文学作品と同じように、医療にとっても、人々の心を動かすアートという要素が、最も重要なものだと思います。

僕が人生の50年以上を捧《ささ》げた聖路加国際病院。聖路加というのは、イエスの弟子で医者でもあった、福音書を書いた「ルカ」からきています。設立者であるルドルフ・トイスラーが遺した理念では、「聖路加病院は病気を治療する場所ではない。神の愛によって患者の苦しみを癒やす場所である」ということです。僕はその思いに込められた言葉を握り締めて、歩き続けてきました。

医療とは科学に基づいた芸術により、人々を救う行いです。僕の後を歩いてくださるすべてのドクター達へ、どうかアーティストであっていただきたいと願うのです。

人間は生まれるときも死ぬときも一人だといわれていますが、人間は孤独な存在なのでしょうか？

一人で生まれてきた人間はいるのでしょうか？
母親のお腹の中にいて、母親の苦しみを経て、この世に生まれてきた、その意味で人間は一人ではありません。命自体が、自分一人の力で得られるものではないからです。

僕はよく音楽会などで指揮をするのですが、そのときは、上から下にタクトを振るのではなくて、下から上に向かって振ります。「みんなついてきなさい」ということではなく、みんなの歌を引き出したい、心の中を引き出したいという、そんな気持ちでタクトを振っています。音楽を通して演奏者も観客もみんながつながっている、その一体感をいつも目指しているのです。

確かあれは、ある合唱団の演奏会のことだったと思います。指揮者を見たときに、僕は驚きました。ふつうはステージの上で指揮をするものですが、その指揮者はステージを離れて聴衆の中に入って指揮をしている。

聴衆を巻き込んで、会場全体を包み込むような一体感が生まれました。そのときに、聴衆の中に入り込んでみんなを惹《ひ》きつける指揮者の技というものを見せてもらった気がしました。こういう手があったかと、僕もさっそく取り入れて、観客席から指揮をするようになりました。

一体感というのはいいですね。自分と相手との壁がなくなって、一緒に感じ合うことができる。仏教では、お葬式にみんな数珠《じゅず》を持ってきます。数珠は、みんなの心を結ぶもの。愛する人との別れの時に、みんなでお焼香をして、一緒に煙に巻かれる。そういう風なもので僕達は一体感を覚えるのです。

老いも若きもなく、一緒に感じ合うということを僕はずっと続けたいと思っています。そんな風に一体感が生まれる場所をたくさんつくりたいと思っています。

一人一人をつないで数珠をつくっていくような場所。数珠つなぎという言葉もあるように、一人一人の形は実は違うようだけれども、みんなが一本の糸でつながって一つになれるような機会を増やしていきたいと願っています。

いつまでも争いのなくならない現代、本当に世界平和を実現させることができると思いますか？

世界平和という言葉が大きすぎて、とても現実的ではないと思う人は多いでしょう。

だけど、僕は必ずそれができると信じています。

僕の年若い真の友の一人に、ベー・チェチョルさんという韓国人のテノール歌手がいます。

彼は、ヨーロッパの舞台でめざましい活躍をし、アジアのオペラ史上最高のテノール歌手と呼ばれた人です。ですが、あと少しで世界の頂点に手が届くというとき、若くして突然甲状腺がんに倒れ、がんを摘出するために、声帯と横隔膜の神経を切断してしまい、話す声すら出なくなってしまったのです。

歌手にとって声を奪われるということは、もしかしたら命を落とすよりつらいことだったのかもしれません。当然それまでの栄誉をひと時に失い、経済的にもつらい状況だったそうです。

これまで周囲にいた人が一人また一人と、彼から遠ざかっていく中で、声の出ない彼を献身的に支えたのは、ある日本人の青年でした。音楽プロデューサーの彼は、再起不能だといわれたベーさんに日本で手術を受けさせました。その手術は、僕の母校、京都大学医学部の名誉教授である一色信彦先生が行ったのです。

世界初となる手術に挑戦された一色先生の手腕により、結果べーさんは今再びステージに立てるようになったのです。

一色先生は「もし彼が歌声を取り戻せなかったら、これまで築いてきたあなたの名誉に傷がつくだけだから、そんなリスクのある手術をひき受けるべきではない」という同僚や周囲の声に対し、「自分の名誉が惜しくて苦しむ患者を見捨てるわけにはいかない」と決心され、きわめて成功率の低い手術に臨まれました。同じ医療に携《たずさ》わる者として心から尊敬する姿だと思います。

僕がベーさんの歌声を初めて聞いたのは、102歳のときです。子どもの頃から、音楽が大好きで、作詞作曲するだけでなく、学生の頃には友人とトリオやカルテットをつくって、歌を歌ってきた僕ですが、あのときの感動は忘れることができません。

歌を聞いて神様の存在を感じたのは、僕の決して短いとはいえない人生の中でも初めてのことでした。

大きな苦難を越えた彼の歌声は、言葉では言いあらわすことのできない、豊かさに溢《あふ》れたものです。歌の形をした祈りそのもの。そしてそれは日本人と韓国人の友情のデュエットであり、医学と芸術のデュエットでもあります。

クリスチャンであるベーさんは、歌う前に神様にこう祈るそうです。

「私のために歌わぬように
あなたのために歌う私でいられますように」

ベーさんの歌声の後ろには、多くの人の思いと祈りがありました。それが彼を支え、世界で初めての奇跡が起こったのです。

僕はそのこととの中に、世界平和があると思うのです。

人と人とのつながりは国と国との関係を凌駕《りょうが》します。

相手の国に、自分の家族のごとく思える人がたった一人でもいればいい。そんな人が一人また一人と増えてきたら、国と国との平和は必ずもたらされると信じています。

ベーさんと僕は「日野原重明プロデュース　ベー・チェチョルコンサート」を全国で一緒にやっています。毎回涙を流しながら、会場が総立ちとなり一つになるあの光景、あれはコンサートというよりもまさに平和の集会です。

その様子を目のあたりにするたびに、僕はいつの日か、必ず世界平和が実現するという確信を持つのです。

そもそも愛って何ですか？

愛とは、人間の生きる目的、すべてだと思います。

僕はクリスチャンですが、聖書に「神は愛です」とあります。愛が神様そのものなのです。愛を求めるということは神を求めるということに他なりません。

その愛を最も僕達にわかりやすく見えるものにしてくれたのは、イエス・キリストではないでしょうか。

少し信仰的なお話になりますが、キリスト（救い主）と呼ばれるイエスは、私のために、私のかわりに私の罪を負い、十字架にかかり、その死でもって私を新しくし、私に生きていくすべての意味を与えてくださったのです。

そこに他者のために自分を捨てて、その相手の重荷を背負い生きていく愛の姿、相手を自分のことと思い大いなる犠牲を喜びと感謝で受ける、愛、つまり神の姿があります。


人は、愛なしに生きていくことはできません。そして、その愛を与え合う社会こそ、平和な幸せな社会なのだと信じています。そのような思いで僕がつくった曲があります。

この「愛のうた」は、僕が90歳を超えたとき、ホスピスで毎日のように天に召されていく人達を前にボランティアをしてくださっていたコーラスの方々のためにつくった曲です。

歌声の中に、僕が初めて神様を感じた歌手、韓国人テノールのベー・チェチョルさんがこの曲をＣＤとして世に残してくれました。その詞の中に、僕の思う愛の姿を感じてもらえるかもしれません。

「愛のうた」

我ら　いまここに　心を合わせ
善き業《わざ》のために
この時を過ごさん

愛の手を求める　その声に応えて
いとしみの心　人々に送らん

我ら　いまここに　力を合わせ
報いを望まで　奉仕にぞ生きなん
捧げる喜び　心にぞ溢《あふ》るる
愛するあなたに　愛をば送らん
愛をば送らん

作詞・作曲　日野原重明

書斎のファイルから⑤

あなたの希望を分かち合うために、
あなたの時間を使うことが愛です

書斎のファイルから⑥

希望と愛の種を
悩む友の心の中に蒔《ま》きましょう

書斎のファイルから⑦

恕《ゆる》しは、他を信じて耐えて待つ愛の心。
他を責めず、弱い自分が
恕されて生きているように、
他を受け入れていく慈悲の心

第3章

ゆるすことは難しい

わたしたちの負い目を赦してください。
わたしたちも自分に負い目のある人を
赦しましたように。

「主の祈り」より　マタイによる福音書　六章十二節

聖書には人をゆるし、愛しなさいとあります。キリスト者である先生はすべての人をゆるしてきたのですか？

ゆるすということは難しいことですね。

ゆるしがたい人をゆるそうとするとき、僕は本当の孤独を感じます。

ゆるすということを考えるとき、僕は「恕す」という漢字を思い浮かべます。

よく使われる、許すでも、赦すでもないのです。「恕す」という漢字に、ゆるすという本質的な意味を感じるからです。

この漢字は、心の上に如《ごと》くという文字が載っていますね。つまり、ゆるすとは、誰かに許可を出すとか悪いことをした人をゆるすということではなく、「相手のことを自分のごとく思う心」という意味なのです。

相手を自分のごとく思うということは、相手をゆるすことが自分をゆるすということに他なりません。だからゆるすのは相手のためではなく、自分のためにする行為なのです。

ゆるせない心を持ち続けるのはしんどいことです。だからゆるすことで、私達は楽になれるのです。

私達クリスチャンは、イエス・キリストが流された血によって、自分の罪をゆるされた者だという考え方をします。イエスは、私達を自分と同じように思って、死んでくださった。私達はすでにゆるされた者達なのです。だからこそ、隣人のことを自分のごとく感じ、ゆるすという行為ができるはずなのです。

そうはいっても「どうしてもゆるせない人もいるのではないか」とさらに疑問は出てくるでしょう。

それほどにゆるすというのは、本当に難しいことです。

神様の道を選んで修道女となった渡辺和子さんでさえ、子どもの頃に二・二六事件でお父様を殺され、その犯人をゆるすのに、相当な時間が必要だったと著書『置かれた場所で咲きなさい』で書かれています。それは正直な人間の心情だと思います。

私達も長い人生の中で、これだけはゆるせない、この人だけはゆるせないということに出会うはずです。

僕自身も、よど号ハイジャック事件にあったとき、同じ体験をしました。58歳のときです。

あのとき、犯人達は僕達乗客を人質にとり、北朝鮮の平壌《ピョンヤン》へ向かうよう要求しました。朝鮮海峡上を飛んでいるとき、「平壌までは時間があるから読み物を貸す」と犯人の一人がいったのです。

そのとき彼らが持っていたのは、赤軍機関紙と金日成や親鸞の伝記、伊東静雄の詩集など、そしてドストエフスキーの『カラマーゾフの兄弟』がありました。ほかの乗客は誰も手を挙《あ》げませんでしたが、僕一人『カラマーゾフの兄弟』を求めたのです。

僕は機内で、かつて読んだことのあるその作品を読み続けました。

今自分達を殺すかもしれない、そのような相手をどうゆるせばいいのか、いくら聖書に「敵をもゆるしなさい」とあっても、その恐怖からくる苦痛の中で、犯人をゆるすことが僕にはどうしてもできませんでした。

でもそのときに、イエスの最後の言葉が僕の心の中に響きます。

まさに十字架の上で息絶えようとしていたイエスは、父である天の神に向かって叫びます。

「自分を十字架にかけた人々をゆるしてください。彼らは自分が何をしているかわからないからです」

今僕には、この犯人達をゆるす心を持つことができないけれども、理解する努力はできるかもしれない。

その理解する努力というのが、あのときの僕にとって、彼らが読んでいた『カラマーゾフの兄弟』を読むという行為だったのです。

今なお『カラマーゾフの兄弟』という小説を、僕は本当の意味で理解することができないでいます。

僕は、彼らをゆることができたのだろうか。

今もその思いを、自分に問いかけ続けています。

もう一度、死ぬ前に『カラマーゾフの兄弟』を読み返したい。もしかしたらそのときに、ゆるすということの本当の意味がわかる日が来るかもしれない、そんな風に今感じているのです。

生まれ変わって生きるとはどういうことですか？

「今度生まれ変わったら、こんなことをしてみたい」というような変身願望は、人間誰しも持っているのではないでしょうか。

生まれ変わった自分を想像してみるというのは、楽しいことです。僕ももう一度人生を始めるとするならば、今度は歌手になってみたいなと思ったりするのです。

ですが、本当の意味で「生まれ変わる」ということは、何ももう一度生まれてくるということではないのです。僕達は今の人生を生きながらにして、生まれ変わることができるのです。

生まれ変わるためには、一度死ななくてはならない。

でもそれは、肉体が死ぬということではないのです。

そのことを僕が強く実感した瞬間、つまり僕が生まれ変わった瞬間は、よど号ハイジャック事件から解放され再び地面を踏みしめたときのことです。

ハイジャック犯に拘束《こうそく》された4日間というのは、人生で最も長い4日間でした。

この日は、学会に出席するために羽田から福岡に向かっていました。ちょうど富士山頂に差しかかった頃、9人の若者が立ち上がり、日本刀を抜いたリーダーらしき人物が「我々日本赤軍は、この機をハイジャックした。これから北朝鮮の平壌へ行く！」と声を上げました。

大変なことになったと思った僕は、とっさに自分の脈を確かめました。ふだんよりずいぶん速かった。やはり、かなり動揺していたのでしょう。一体何が起こっているのか、すぐには理解できないほどでした。

飛行機は北朝鮮に行くといいながらも、実は韓国の金浦《キンポ》空港に着陸しました。「赤軍派歓迎」の文字とともに軍服を着た兵士たちが並んだ空港で、ようやく解放されると思ったのですが、メンバーの中でいちばん若い、頭のいい青年が、窓からシェルのガソリンスタンドを見つけ「ここは北朝鮮じゃない！　韓国だ」と気づいたのです。その後「1か月でも2か月でも篭城《ろうじょう》する」という彼らと過ごした4日間というのは壮絶なものでした。その後、山村新治郎運輸政務次官の巧みな交渉のおかげで、ようやく僕達は解放されたのでした。

タラップを下り、地面に一歩踏み出したときの感覚を生涯忘れることはできません。「これからの命は与えられたもの。これからは自分のためではなく、人のためにこの命を捧げよう」再会の喜びに妻と抱き合いながら、二人でそう決意しました。

僕はあのとき一度死んだのだと思っています。過去の古い自分が死んで、新しく生まれ変わったのです。

聖書の中に、こんなイエスの言葉があります。

「わたしの後に従いたい者は、自分を捨て、自分の十字架を背負って、
　わたしに従いなさい」

自分を捨てるというのは、古い自分が死ぬということです。その意味で僕はハイジャック事件のおかげで生まれ変わりました。

あの日以来今日まで、神様から頂いた新しい命を、自分以外の人間のためにすべて使おうという生き方を続けてきたつもりです。

いじめをやめさせる方法がありますか？

いじめというのは、人の命を粗末《そまつ》に扱う行為です。

相手のことを自分のごとく思う、自分のことのように大切にする。それができていないのは、子どもの世界だけではありません。大人同士、国と国の間でも起こりうることでしょう。

本当の意味で、自分の命を大切に扱うようになれば、人の命を傷つけるようないじめの連鎖は必ず断ち切れると僕は信じています。

ここで、2016年に出版した『しかえししないよ』というタイトルの詩画集から一篇の詩を紹介します。

いのちは目には見えないけれど
めいめいが感じとれるもの
君も感じられるはず
自分がいのちを持っていることを

いのちは自分がもっている時間だよ
そう私は十歳になる君に話したね

いのちを大切にするとは
いのちを上手に使うこと
つまり君のもつ時間を
君だけでなく誰かのために使うこと

いじめは友だちのもつ時間を奪い
いのちを傷つけるもの
だからいじめは止めようよ

そして
たとえ誰かにいじめられても

殴り返したり
言葉でやり返すことはやめて
じっとこらえてこう言おうよ

僕は、しかえししないよ
いっしょにグラウンドに出て
サッカーをしようよ

誰かの時間と
君の時間がいっしょになって
君のいのちが膨《ふく》らむんだよ

僕は次の世代を担《にな》う子ども達に、命がいかにかけがえのないものであるかということを、しっかり伝えていかなければならないと思っています。

◯自分につらくあたる苦手な同僚がいます。自分のことを嫌いだという人とどうすればうまくつきあえるのでしょうか?

僕は本当に幸せなことに、たくさんの人に愛され大切にされてきました。感謝すべきことです。だから「周囲の人に恵まれている先生は、わざわざ嫌いな人と接する必要はないんじゃないですか」といわれたりするのです。でも、もちろんそんなことはありません。

様々な人間関係がある中で、自分に敵意がある人を完全に遠ざけるのは不可能ですし、仮に避けられたとしても、僕はその選択はしません。

医師をしている中で、多くの患者さん達が病気のおかげで大切なことに気がついたとおっしゃいます。最初は嫌だったものと向き合うことによって大切なことを発見できるということは、人間同士の関係でも同じことではないでしょうか。

自分は理解されていない、と感じることはつらいことですし、ましてや嫌われているとなると、「どうしてわかってもらえないのか」という気持ちにもなります。

でも、苦手な相手と向き合ったおかげで発見できることがあるのです。

そんなとき、僕は自分にこういうのです。

100年以上つきあっている自分自身のことでさえわからないのだから、この人が僕のことをわからないのは当然ではないか、と。

そう考えると心も楽になりますし、じゃあもっと僕のことを理解してもらうためにはどうしたらいいんだろうかと考え始めて、相手を受け入れる心持ちになっていく。

向き合ったおかげで、新たに発見できることがあるのです。苦手な相手を避けることで、知らなかった自分に出会えるせっかくの機会を逃してしまうのはもったいないですよね。

「自分によくしてくれる人に善いことをしたところで、どんな恵みがあろうか」

このイエス・キリストの言葉は、とても示唆《しさ》に富んだメッセージだと思います。

自分にとって居心地のよくない人間関係の中に、実は人生を豊かに生きるためのヒントが隠されているのだということを教えてくれるのです。

人に甘えることも、甘えられることも苦手です。先生は誰かに甘えることはありますか？

誰かに甘えられるというのは、豊かなことだと僕は思います。

ただ甘えにも2種類あって、あなたが苦手だとおっしゃるのは、自己を持っていない人間が、ただ他人をあてにしているような状態のことではないでしょうか。

甘えということを考えるとき、同時に「自己」についても考える必要があります。

自己がある生き方というのは、簡単にいうと、自分という人間がどこに向かって生きていくのか、きちんと意識できている、確信が持てている状態のことです。

外国に比べると、残念ながら日本人には自己がない状態の人が多いように感じます。信仰とも関係することだからでしょう。

自己があるかどうかというのは生き方の問題なので、たとえば経済的に自立しているかどうかということは関係ありません。居候《いそうろう》で食い扶持《ぶち》がなくても自己は持つことができるし、たとえば僕のように車椅子の生活で何をするにも人の手が必要な状態だったとしても、自己を持つことはできるのです。

二つ目の甘えとは、自己を持ち一所懸命生きてきた人が、自分よりも強力な存在を信じ、もうこれ以上はできないということを、その存在に委ねるというものです。まさに「人事を尽くして天命を待つ」という言葉通りですね。

僕にとって、強力な存在とは神様のことですから、このことが信仰心にもつながっていくのです。

戦っているからこそ甘えられる。そんな心境で、自分を委ねられる人がいることは僕達の人生を幅広く豊かにしてくれるものだと思います。

僕にとっては神様であり、家族と呼べる真の友のことでもあるのです。

若い人と話が合いません。若者とどうつきあっていくのがいいのでしょうか？

僕は、若い人が大好きです。

誰かに褒《ほ》めてもらえるなら、若い人に褒めてもらいたい。

若い人に「頑張っているあなたの姿を見て、私達ももっと頑張りたいと思います」とか「あなたがこんな風にしてくれたおかげで、今私達はこれほど幸せです」と言われたとき、本当に喜びを感じるし、もっともっと若い人達を勇気づけられるような人生の先輩でありたいと思うのです。

実際に80歳以上離れた人たちとも交流させてもらって、いろいろな刺激や学びを頂いています。意外と若い人のほうも、僕のような世代の話を聞きたい、教えてほしいと思ってくれているものなのですね。

若い人とつきあうときに、僕が気をつけているのは、人と人とが触れ合うときのタッチの仕方です。言葉遣《づか》いや表情・態度、そういったいろいろなものを総称し「タッチ」という感覚を持っているのですが、それがよそよそしい、とげとげしいものになると当然若い人との関係がぎくしゃくしてきます。

そうではなく、あたたかいタッチを心がける。「あなたのよさを私はもっと感じたいんですよ」という気持ちを相手へのタッチに込めることで、自然といい関係をつくっていけるのではないかと考えています。

「近頃の若い者はなっていない」というのは、いつの時代も言われることですが、これは非常に自己中心的な発想のように思います。そうではなく、年をとった僕達のほうが経験があるのですから、若い人に歩み寄っていくべきでしょう。若い頃は照れてしまったり、言葉が見つからなくてうまく言えなかったようなことも、年をとったからこそ言えるようになるという年の功も大いにあると思います。

あともう一つ大切なのは、自分より若い者、親しい家族、また弱い立場の者に対して、僕達は相手を敬う気持ちをともすれば欠いてしまいがちであるということです。目上の人や年配者を敬うだけではいけません。

敬う気持ちというのは思いやりそのものですから、年齢・立場に関係がないのです。

といいつつ、僕自身も、これだけ年をとっても、いまだにうまくタッチできなかったな、難しいな、と感じることも多いのです。

そんなときは、僕のタッチのどこかに、相手に冷たい切り口を感じさせたのではないかと思い返すのです。人と何かしっくりこない、コミュニケーションにぎくしゃくするものが生まれたとき、僕はこのように自己反省してみます。

僕の尊敬する医師ウィリアム・オスラーは、白血病の少女の病室へ行く際に、病院の庭に咲いていた薔薇を切って持っていったそうです。私はあなたのことを思っている、という気持ちを薔薇の花に託したのですね。

花を受け取った少女にとってオスラー氏は、病院にいるただの老人のお医者さんから、自分を思ってくれる一人の素敵なオスラー医師という存在になっただろうと思います。こんな風に、年齢の差を超えて人の心と心が交流できるというのは本当に素晴らしいと思います。

書斎のファイルから⑧

その深い悲しみも
やがてはやさしい思いに
変わるときが必ず来ます

書斎のファイルから⑨

恵まれていることの不幸
乏しい中での分かち合い

書斎のファイルから⑩

人に傷を与えたことは忘れるが、
人から受けた傷や攻撃は
どうしても忘れられない。
それは人を恕せない
人間の愚かさのためなのだ

第4章

大切なことはすぐにはわからない

神のなさることは、すべて時にかなって美しい。
しかし人は、神が行われるみわざを、
初めから終わりまで見きわめることができない。

旧約聖書　コヘレトの言葉　三章十一節

突然の災害で家族を亡くしました。この悲しみを私は乗り越えていけるのでしょうか？

僕は、病気で亡くなった人もたくさん見てきたけれど、それだけでなく、戦争や災害、不慮の事故など、人間の理解では受け入れがたい死もたくさん見てきました。

「どうしてこんな目にあわなければならないのか」と納得しがたい気持ちになるような、人智を超えた出来事を、僕達人類はたくさん経験しています。

神様のご計画は、人間にはわかりません。

人間にはわからないけれど、すべてには神様のご計画があると、僕は信じています。

そして僕にそれを信じさせるのは、「神は越えられない苦しみは与えられない。そしてそのなかで逃れる道を与えてくださる」という聖書の言葉です。

あなたは今悲しみの真っ只中にいて、一生自分は笑うことがないと思っているかもしれません。でも僕達人間には、時間がかかっても必ず悲しみを乗り越える力が備わっています。綺麗《きれい》な花を見たり、素晴らしい音楽を聞いたり、友達と心が通じ合えたり、そんな癒やしの恵みを味わうことで、生きていてよかったなと思える瞬間が必ずやってきます。その時を信じて待つのです。

「花は咲く」という歌がありますが、あれは僕の大好きな歌です。あの歌は、いつか花は咲くのだということを信じているでしょう？　あの歌ほど待つことを、優しく教えてくれる歌はないですね。

「花は咲く」作詞：岩井俊二　作曲：菅野よう子

真っ白な　雪道に　春風香る
わたしは　なつかしい　あの街を思い出す
叶えたい　夢もあった　変わりたい　自分もいた

今はただ　なつかしい　あの人を思い出す
誰かの歌が聞こえる　誰かを励ましてる
誰かの笑顔が見える　悲しみの向こう側に
花は　花は　花は咲く　いつか生まれる君に
花は　花は　花は咲く　わたしは何を残しただろう
夜空の　向こうの　朝の気配に
わたしは　なつかしい　あの日々を思い出す
傷ついて　傷つけて　報われず泣いたりして
今はただ　愛おしい　あの人を思い出す
誰かの想いが見える　誰かと結ばれてる
誰かの未来が見える　悲しみの向こう側に

花は　花は　花は咲く　いつか生まれる君に
花は　花は　花は咲く　わたしは何を残しただろう
花は　花は　花は咲く　いつか生まれる君に
花は　花は　花は咲く　わたしは何を残しただろう
花は　花は　花は咲く　いつか生まれる君に
花は　花は　花は咲く　いつか恋する君のために

もう二度と立ち上がれないと思っても、どんな戦地の跡にも必ず花が咲くのです。今すぐには、あなたは実感することができないかもしれない。けれども、大丈夫です。僕もそうでした。

聖書の言葉「神のなさることは、すべて時にかなって美しい」とあるように、その美しい時が来るということを、あなたとともに信じたいのです。

愛することは信じることであり、信じることは待つということなのです。

これまでの人生でいちばん悲しかったことは何ですか？

笑われるかもしれませんが、僕が人生でいちばん悲しくて泣いたのは、旧制第三高等学校、理科甲類に落ちたことです。甲類はいわゆる医学部進学コースです。

僕が7歳のとき、母が危篤《きとく》になり、その晩安永謙逸先生というクリスチャンドクターが母を看るために来てくれました。

それが僕が人生の中で、本当の意味で必死に祈った初めての体験です。死を前にしたイエスがゲッセマネの園で、汗が血のように流れるほど必死で祈った、というくだりが聖書にありますが、僕もまさに7歳で同じ経験をしました。

ただそのときに、今考えれば不思議ですが、「お母さんを助けてください」と祈ったわけではないのです。「どうか神様、母を救おうとしてくださっているこの安永先生を助けてください」と祈ったのです。

安永先生の祈り、そして僕の祈りを神様が聞き届けてくださったのでしょう。母は命を取り留め、その後僕と人生をともにすることができました。僕が医師を目指そうと決心したのはあのときです。

その医学部に入るための志望のコースを外したわけですから、悔しくて悲しくて……。一夜を枕がぐっしょりと濡れるほど泣き明かしました。

ところが合格発表を見てくれた先輩の何かの間違いで、実は僕は合格していたのです。そのことが翌日知らされたときの嬉しさは人生で最高のものでした。

この経験から、僕は一つのことを学びます。

悲しみと喜びというのは、コインの表裏のようにくっついている。

それにしても、一晩中泣き続けたことで、自分がこんなにも医学部に入りたかったのかとしみじみ思い知りました。

夜が暗ければ暗いほど、朝の光が眩《まぶ》しい。
冬が寒いほど、春の優しさが身にしみます。

人生には、つらく悲しい出来事や、思い通りにならないことがたくさんあります。むしろそのほうが多いかもしれません。

泣きたくなったそんなときは、その気持ちに素直になって、思う存分泣くことが大切なのです。泣いて、泣いて、自分の中の悲しみや悔しさと向き合えば、その先には必ず、本当の、よき訪れが待っています。

本気で泣いた経験のある人はまた、人の痛みを知ることができます。傷ついている人にただ寄り添ったり、励ましの言葉をかけたり、そんな慈愛の心が育《はぐく》まれるのです。人に優しくできる人は、きっと人からも優しくされるでしょう。

僕の人生でいちばん悲しかった経験は、心の中の大切な場所で、今も僕に微笑《ほほえ》みかけているのです。

昔から運が悪い私。心がけしだいで運をよくすることはできるのでしょうか?

重い病気を患ったり、家族を早くに亡くしたり、就職ができない、失業してしまった、離婚した等々……、どうして自分だけ、と思ってしまう、まさに運が悪いといいたくなることが人生には起こりますよね。

でも、人生には人それぞれ、困難が起こります。どんなに運がいいと思われる人も、人にいえない苦労や悩みを抱えているものです。

問題のない人など、この世に一人もいないでしょう。

運をチャンスという言葉に置き換えられるとしたら、いつも僕はこんな風に思っています。まるでそれは富士山のようなものだなと。

新幹線に乗ると、静岡あたりで立派な富士山の姿が見えてきます。

しかし、新幹線に乗れば必ず富士山が見られるかといえば、そうとは限りません。雲に隠れて見えない日もあるでしょう。晴れていたって、乗ったのが夜だとしたら、まったく見ることができません。日本一の大きな山でさえ見えないのです。

でも見えなくても、富士山は確実にそこに存在しているのです。

そこにそびえているのに見えない。あれほど大きな山なのに見えない。次に乗ってもまた見えない、その次も、その次も見えないということがあります。それでいつの間にか諦めてしまって、富士山の近くを走るときに寝てしまっていたのでは、とうとう富士山を見ることができないまま一生が過ぎてしまいます。たとえ姿が見えなくても、そこに富士山があるということを信じること。これこそが運とのいいつきあい方ではないでしょうか。

「見ないのに信じる人は、幸いである」というイエスの言葉があります。

トマスはイエスの十二人の弟子の一人でした。イエスの死後、彼の前に現れたイエスの姿を見ながらも、それでもまだ復活を信じることのできないトマスの手をとり、イエスは釘で貫《つら》ぬかれた手と足の傷を彼に触らせます。そのときに「ああ主よ、復活されたのですね」とトマスは言いました。その彼に対してイエスは先のように語ります。「トマスよ、私を見たから信じたのか。見ないのに信じる人は、幸いである」

考えてみれば、運やチャンスというものは、目には見えません。だからこそ、自分も神様に愛されている、大切にされている、苦しみも私の成長のために与えられたのだ。そしてその後に、必ず私にも大きなご褒美《ほうび》を用意してくださっている。僕はそう信じています。

聞いた話ですが、世界の大富豪の99パーセントが、かつて一度は破産を経験しているそうです。その数字の真偽はわかりませんが、面白い話だと思いませんか。

○奇跡の連続のような人生を送られている先生。奇跡というのは、特別な人にしか起こらないものなのでしょうか？

奇跡は誰にでも起こるかといえば、そうではないでしょうね。

けれども、どういう人に起こるかということを理解すれば、必ずどんな人にも奇跡は訪れるものなのです。僕はそれを確信しています。

では、どういう人に奇跡が起こるかということです。

世の中には、奇跡としかいいようのないことを体験する人が、いつの時代にもいます。そしてその人をよく見ると、そこには「まことの信仰」があることに気づくのです。まことの信仰とは、己の力ではどうにもならないことに立ち至《いた》り、これまで自分が握り締めていた自己の中心を明け渡し、手放すということです。そして大いなる力、神様にすべてを委ねきった経験をした人のことです。

これまでの自分を明け渡す、ということは、古い自分を脱ぎ捨てると言い換えてもいいかもしれません。内的に生まれ変わるということです。

神様は必ずそのような者に、救いの御手をさしのべる方だと僕は確信しています。

そのようなプロセスを踏んだ人に、人間では説明のできない奇跡が起こった例を、僕はたくさん見てきました。

僕が学んだ、人生に奇跡を起こす方法。それは「まことの信仰を持って奇跡を起こした人と一体化する」ということです。

イエス・キリストは語りました。「私を信ずるものは、死んでも永遠に生きる」

言葉だけ聞けばにわかに信じることはできないかもしれません。肉体がなくなり、2000年以上の時を経て、イエスが生きている。まことの信仰を持って生きたイエスと一体化すること。僕の身の上に奇跡が起こったとすれば、その理由はただ一つ、イエスと一体化したことだと思います。

◎日本の医療界の改革に取り組まれた先生、まわりのお医者さんから反対されたことはあったのでしょうか？

生活習慣病という言葉、今では当たり前のように使われるようになりました。「あの言葉は日野原先生がつくられたのですね？」と驚きを持って、いまだに言われる方もいます。

完全独立型ホスピスを日本で初めてつくったり、また人間ドックというものをいち早く取り入れ、聖路加国際病院で実施するということもやってきました。確かに、これまでの日本の医療界にとっては革新的な取り組みを行ってきました。

それらの改革に向かうことができたのは、戦後間もないときの、アメリカの病院での研修経験がもとになっています。あの経験は僕にとって大きな転換期だったといえます。

先進的な医師教育による一人一人の医師の意識の高さ、徹底したチーム医療のシステムなど、日本とは比べようもない医療現場の厳しさというものを肌で感じ、まさに骨身にしみた、という経験でした。

今と違って、当時海外留学はなかなかできることではなく、奨学金を得てようやく実現したアメリカでの研修も、1年という短い期間だったのが残念でなりません。だから、みなさんはこんな時代に生まれているのですから、もっとどんどん海外へ出て勉強してほしいと思わずにはいられないのです。

39歳だった僕は、この貴重な経験を日本の医療界に伝えなくてはならないと、帰国後奮闘することとなります。様々な改革をしましたが、その一つとして、医療秘書の学会をつくりました。その過程をともに歩いたのは、現在大阪のザ・シンフォニーホールを運営する滋慶学園グループの総長である浮舟邦彦さんです。

医師教育もさることながら、医師をサポートする助手の教育水準も高めなくては、チーム医療が成立しないという考えが僕達をつなげる「共感」だったのでしょう。

ところで浮舟さんとは20年以上のおつきあいでありながら、ともにクラシック音楽を愛しており、なんと僕が応援しているテノール歌手ベー・チェチョルさんの大ファンであることを互いに発見し、そのご縁に驚いていたところです。人と人とのつながりには、不思議なことが起きるものですね。

ただ、様々な改革に挑戦してきた僕ですが、その根底には常に患者さんのため、未来の医療のためという思いがありました。けれども、新しいことを始めるときというのは、必ず反対する人も出てきます。

面白いことに、反対する人、否定的な意見を言う人というのは、ほとんどが同業者、つまり医者でした。アメリカとは環境が違う、日本では実現しない、などということもずいぶんいわれたものです。

聖路加国際病院の建て直しをしたときにも、あの広い廊下を見て、「日野原は贅沢《ぜいたく》ばかりする。こんな広い廊下が何のためになるのか」と非難を受けたものです。しかし、忘れもしない1995年地下鉄サリン事件のとき、現場に近かった聖路加病院はこれまで経験したことのない、まさに戦場と化しました。

贅沢だと批判を受けた廊下には、患者さん一人一人を受け入れる酸素吸入を含めた施設的な体制が整っていました。そのため、一度に600名を超える、生死の境をさまよう患者さんを受け入れることができました。

ひとたび戦争が起こったとき、医療現場がどうなるかということを実体験として知っていた、これまでの経験が役に立ったのです。

話は変わるようですが、僕の父も同じような道を歩んだのだと思います。

父も若い頃、牧師としてアメリカの生活を経験しました。アメリカの大学で感じた学生の心を解放するような広々とした空気、若者達がたくさんのことを吸収していく環境。それに感動した父は、帰国後広島女学院の学長となったとき、自分の心を揺さぶったアメリカの大学の姿を、日本にも実現しようとしたのです。

しかし父は、そのために購入した広大な土地や、当時の教育関係者の常識では考えられない様々な改革に、周囲から強烈な非難を受けます。中には土地購入を巡って、父が私腹を肥やしたのではないかという、心ない声もあったそうです。「どれほど困ってもあなたたちのお父様はそのようなことをなさる人ではない」と、父を心から尊敬し慕っていた母とともに、二人は悲しみの中広島を後にし、僕のもとに身を寄せ暮らしました。

しかし「裏切り者、極悪人」と呼ばれ、その場を去らざるをえなかった父は、どのような思いだったでしょう。その後数十年の時を経て、今では広島女学院の礎《いしずえ》を築いた功労者として、学院には父の銅像が建っています。その様子を父は天国からどのような気持ちで眺めているかと思うと、嬉しさがこみ上げてくるのです。

同時代の人がすぐにはわからなくても、真に価値のあるもの、つまり真に美しいものに時代は必ず追いついてきます。歴史の評価に堪《た》えうる強さがあるからです。

本物というのは、僕は「限りのないもの、区切りのないもの」だと思っています。

だからいっときの流行《はや》りすたりには影響されず、永遠のメッセージを発し続けられるのです。

聖書の言葉もまさにそのようなものでしょう。

そして、これまで誰もしなかったことに挑戦するときに大事なことがもう一つあります。

それは、「なぜやるのか」ということを自分に問いかけ続けるということです。

おそらくあなたの心の中には「これをやりたい、僕はやるんだ」という強い気持ちがある、だから挑戦するのだと思います。そのときに、なぜやるのかということが大事になってくるのです。

同じように多くの挑戦をし続けた、京セラ名誉会長の稲盛和夫さんの言葉をあなたに伝えたいと思います。それは国際医療学会で、彼と前後で講演をしたときに聞いた話です。

稲盛さんは、京セラ設立、第二電電企画株式会社（現ＫＤＤＩ）設立、そして経営破たんした日本航空の再建と、道なき道を歩いた方です。

そのときに自ら問いかけられたのは「動機純たるや。私心なかりしか」という言葉だそうです。

当時NTTの独占分野であった通信事業、そこに参入する際、稲盛さんはその言葉を自分に問いかけ続け、答えが出るまでに2年かかったそうです。そしていよいよそこへ向かうと決心したとき、それを自ら証明するため、大事業であるKDDIの株を一株も持たずに始めたといいます。

さらに。

新しいことを始めるとき、そしてまわりの人がそのことを理解せず反対されたとき、「遠くを見つめる」ということを思い出してください。

僕が尊敬する仏教哲学者の鈴木大拙さんは、抵抗があってもそのような人々を無視するのではなく、遠くを見つめる、そして「僕はこう考える」と表明することが大切だ、と教えてくれました。

遠くを見る。表明する。そして実践する。

これこそが僕達人間が持つ、意志の力を形にするために必要なプロセスです。

まったく抵抗のないチャレンジはありません。むしろ、抵抗があるからこそチャレンジなのです。新しいことを始めようとするとき、私は本当にこれをやりたいのだろうか、なぜ、誰のためにやりたいのだろうかと自分に何度も問いかける必要があります。

その思いが試されているかのような逆境は、何度も降りかかってくるでしょう。僕もそうでした。

そんなとき僕は、鈴木大拙先生が太平洋の岸壁に立って、遠くの海を見つめている静かな美しい姿を思い浮かべるのです。

◎ 我が子を日野原先生のような人間に育てるにはどうしたらいいでしょうか？

小さいとき、おそらく2歳か3歳の頃でしょうね。僕は、自分が納得できないことがあると、大人のいうことを聞かずに、2時間でも3時間でも土間で泣き叫んでいたそうです。

その様子を見て、母は「この子はよほどすごい人間になるか、でなければよほど悪いごろつきになるのか、どっちかだ」と笑って見ていたそうです。負けず嫌いで頑固《がんこ》、そのうえ優等生でも健康優良児でもない、今思うと手のかかる子どもだったと思います。母は苦労したことでしょう。

母親にいちばん感謝しているのは、「重明はほうっておいても勝手に学ぶ」と僕を信じ、大いにほったらかしにしてくれたことです。

ほったらかしにするということは、どうでもいいと無関心になることとは違います。愛の反対語といえば、無関心という言葉でしょう。母が僕をほったらかしにしてくれたのは、無関心だったからではなく、僕を信じ、その時を待ってくれていたからだと、今はっきりと知ることができます。

母もクリスチャンでした。でも、父は牧師、母もクリスチャンという環境に生まれた僕とは全然違うのです。山口県のとても保守的な環境に生まれ育った母は、10代でアメリカから来た宣教師と出会います。そのとき、母は人生の真の目的を見つけたのでしょう。一人で洗礼を受け、クリスチャンになったのです。その決断・勇気というのは僕でさえ想像することができないほどです。母は自分が信じたものを貫き通す人でした。

そんな母は、徹底して、僕に何か知識を教え込むということをしませんでした。僕も母の信頼を肌で感じられたからこそ、素直な気持ちで好奇心や知的欲求というものに身を委ね、勉学に励むようになっていったのです。

今でも忘れられない思い出があります。負けず嫌いだった小さい僕は、年の近い姉がどんどん文字を読めるようになることに対抗心を燃やしていました。あるとき、ひらがなの「ろ」という文字を地面に書いて「おかあさん、これは何て読むの？」と聞いたことがあります。そのとき母は、「その文字を読まなければいけなくなったら、重明が自分で学ぶ時が来るよ」と言ったのです。僕を信じ、待ってくれた母の姿は、今も僕の中で感謝の気持ちとともに生き生きと蘇ります。

子どもを愛し、期待すればこそ、「こうなってほしい」という理想を抱くこともあるでしょう。しかし、それを強《し》いるというのは、子どもの潜在能力を封じ込めることにつながりかねません。「これをしなさい」「あれはダメ」というのは、子どもを守っているつもりでも、実はその可能性をつぶしてしまっているかもしれないのです。

それは親の意見であり、自分の価値観を知らず知らずのうちに子どもに押しつけているだけかもしれません。

子どもは、今はまだ小さくて何もできないように思えるかもしれません。しかし子どもに与えられた潜在的な能力は宇宙のようにはかりしれないものなのです。

その子だからこそ神様が与えた才能がある、ということを信じて待つ。忍耐を必要とすることかもしれません。でも、それこそ親の持つ、最大の役割なのだということを母が教えてくれたのです。

書斎のファイルから⑪

待ち望むこころ、
その希望を持つことで
私たちには生き抜く力が与えられる

書斎のファイルから⑫

あなたの心の中の希望を小さく分けて、
その一番小さいものが
まず叶《かな》えられるよう祈りましょう

書斎のファイルから⑬

生まれてきたことはハプニングか？
人間にとっては偶然でも、
天から見ると
人間にも分からないシナリオがある

第5章

未知なる自分との出会い

私は祈っています。あなたがたの愛が、
真の知識とあらゆる識別力によって、いよいよ豊かになり、
あなたがたが、真にすぐれたものを
見分けることができるようになりますように。

新約聖書　フィリピ信徒への手紙　一章九〜十節

どうしたら先生のように、年をとっても若く元気でいられるのでしょうか？

お若いですね、とか元気ですね、といっていただけるのは、素直に嬉しいものです。

僕は、食べることや健康習慣だけでなく、美容にもそれなりに気を使っているのです。実は、この年末に、肌のしみとりにもチャレンジしてみたのです。人間には外見を整えることで、人に会いたくなったり、積極的な気持ちがわいてきたりするという心が備わっているのだと実感します。

そういった外見の若さというのも大事ですけれど、もし僕が若々しいといわれるのだとすれば、いちばんの原因は、常に新しい自分との出会いを大切に過ごしているからではないかと思います。

過去の自分にこだわり、自分のやり方はこうだとか、自分はこういう性質だ、ということを決めつけず過ごしています。だから毎日が自己発見の連続なのです。

その中には、日常の小さなことから、人生観を変えるような重大なものまで様々あるのですが、特に大きく自己を見つけられたのは、苦難にあったときや病気を患ったときに多かったように思います。

人間というものは、苦難にあわなければなかなか目が覚めない。

105歳まで長寿を頂いた僕ですが、実は子どもの頃から身体が弱く、結核や腎臓炎を患ったりと病気がちでした。そして今も心臓に病を抱え、思い通りにいかないあれこれの連続です。しかし病は僕にたくさんのことを教えてくれました。

ルカによる福音書に、「貧しい人々は、幸いである」「今泣いているものは、幸いである」という言葉がありますが、病を抱えている僕にはこの言葉の意味がよくわかります。

人間というのは不思議なもので、苦しいとき、逆境のときにこそ自分の根源と出会うことができるのです。

病や苦難によって、新しい自分を見つけたら、その恵《めぐ》みを受け取ると同時に、過去の自分の皮を脱ぎ捨てましょう。常に「キープオンゴーイング（前に進み続けよう）」。

若々しさの秘訣にもつながる、僕の大好きな言葉です。

人工知能をはじめ、医療の分野では様々な機械化の波が来ています。危惧する声も一方にありますが、先生はどうお考えですか？

本当に医学の発達は著《いちじる》しくて、僕が若い頃からしたら考えられないようなことが日々起きていますね。「人間の医者はいらなくなるのではないか」と心配したり、否定したりする人もいますが、僕は技術がどんどん発展していくということは、とっても素晴らしいことだと思っています。

たとえば、技術の進歩によって、これまで見えなかったことが見えるようになる。このままいくと、もしかしたら人の心の動きも目に見えるようになるかもしれない。そんなことを想像するととってもわくわくするし、ぜひ自分の目でそのような発展を見届けたいという思いがわいてきます。今このようにあなたと対話しているときにも、互いの心の中がスクリーンにうつしだされるような未来が来るかもしれません。可能性は無限大です。

ただ、どんな未来が来ようとも、医療従事者にとって、最も大切なことは変わりません。

それは患者さんを自分の家族だと思って接するということです。治療をするときはいつも、「もしこの人が自分の家族だったらどうするかな」と考えながら行動してほしい。僕は医者や看護師だけではなく、事務方やボランティアの人達も含めて、医療に携わる全員にそのことを呼びかけ続けています。

愛情にもとづいた人間の行動こそが問われる。機械化が進めば進むほど、これからはますます愛を大切にする時代になってくるでしょう。

最近感動する出来事が少なくなってきました。年をとったせいなのでしょうか?

僕は今も、あなたとの対話によって「感動」という心の運動をしています。

ところで、僕は最近絵画を習い始めましたが、これがとっても楽しいのです。

美しいなと思った花を描こうと思ったら、その花をいろんな角度からじっと眺める。この花のどこが美しいのだろうと思って観察していると、花びらに日の光があたっている様子が美しい。それを表現したらまわりの人にも絵を褒めてもらえて、そんなときはすごく嬉しいですね。

新たに何かを始めることの中には、心が躍動するきっかけがたくさんつまっています。そう考えると、僕がどんどん新しい挑戦をするのは、感動を追いかけているからかもしれません。

とはいえ、老人になって時間もできたことだし、何か新しい趣味をつくらなければいけない、と肩に力を入れる必要はありません。

新しいことを始めるよさというのは、何歳になってもこれまで知らなかった自分の姿を知ることができるということ。それが感動することにつながるのです。

僕の場合、どういうものを、どういう表現で描きたいと思うのか。絵を始めるまで気づいていなかった自分を発見できた。そのことによって、絵画だけにとどまらず、僕にはまだまだほかにも自分の知らない可能性があるんだなということを実感できるのです。

だから趣味の上達・習得ということ自体にこだわる必要はなくて、新しい友人をつくったり、趣味を始めてみたりすること自体に意味があります。たとえば日常の中でいつもとちょっと違う道を散歩してみるとか、久しぶりに美術館に行ってみるとか、そういった小さいことでももちろんいいのです。その中にたくさんの発見があるはずだからです。

最近僕は、「運動不足」より「感動不足」のほうが深刻なのではないかと感じています。だからあなたとも一緒に心を躍動させて、感動の気持ちを分かち合いたいなと思うのです。

◯ なかなか人と打ち解けられず、いつもどこかさびしい気持ちでいます

年齢や経験を重ねると、どうしてもまわりの人から敬遠されたり、話しかけづらいなと思われたりすることはあります。

自分の若いときを振り返ってみても、経験不足もあって、なかなか目上の人と打ち解けられないという経験はありました。

僕なんて105歳ですから、ほとんどの人が年下になってしまいます。特に舞台に上がって講演をするときなども、上からものをいっているように受け取られないよう気をつけているのです。

あなたにもおすすめしたいのは、ユーモア、つまり笑いの効能です。

なぜなら一緒に笑うということは、何より人と人との一体感を深めてくれるものだと思うからです。

ユーモアで思い出すのは、よど号ハイジャック事件のことです。

4日間の拘束《こうそく》を経て、さあこれからやっと解放されるということがわかったときです。

長い緊張状態が解けて安心したのでしょう、乗客の一人が「ところでハイジャックって何ですか?」と犯人に尋ねたのです。

この事件は、犯人の「我々はこの飛行機をハイジャックした」という言葉から始まったからです。なにせ日本で初めてのハイジャック事件でしたから、乗客の誰もが、ハイジャックという言葉をそのとき初めて耳にしたに違いありません。

ところが犯人もその質問にうまく答えられなかった。そこで、僕が犯人に「ハイジャック犯がハイジャックを知らないとはいかがなものか」といったら、機内中が大笑い。犯人も乗客も一緒になって笑ったのです。

その瞬間というのは、なんだか一種独特の柔らかい空気に包まれました。その後飛行機を降りるときに、犯人に向かって「これから頑張れよ」と声をかけた人もいたくらいです。

そんな経験から、どんなときにもユーモアは必要で、一緒に笑い合うというのは、心と心の壁をとる、一体感を生んでくれるものだと実感したのです。

いつも笑い声に溢れた私達でありたいものですね。

先生のような立派な人間を目指しています。先生から見て「偉い人」とはどんな人でしょうか？

偉い人とは、目に見えないものをたくさん持っている人だと思います。そしてそのことで光り輝いている人。

そういう人は目に見えるものを、人々のために捧げることのできる人です。

僕達は、お金や地位、名誉、車や宝石のような、手にしたときに、ある種の幸福感・満足感を与えてくれるものを求めて暮らしているものです。ただ、そういうものは、なくなるときには全部なくなってしまう。

残念ながら、僕達はそういうものを追いかけて、生きていくものなのです。

目が見えることで、見えなくなってしまう尊いものがたくさんあります。実はそういう目に見えないものこそが、本当の意味で僕達に幸福を与え人生を豊かにするものなのです。賛美歌に「アメイジング・グレース」という有名な歌があります。みなさん、一度は聞いたことがあると思います。

その中の歌詞に、

「I once was lost but now am found, was blind but now I see.」
一度は道を外れた私だが、今見出された。かつては見えなかったこの目、でも今ははっきりと見える。

という言葉があります。

この歌詞に描かれている人は目が見えなかったわけではないと思います。肉眼の目は見えていた、けれど見えなかった（blind：盲目）といっているのです。目が見えることで、大切なことが見えなくなり、この与えてもらった命に感謝することなく、道を外れてしまう。太古の昔から、人間はそういう存在なのでしょう。

自分の与えられた命に感謝し、時間を人のために使える人。さらにいえば、時間はまさに「タイムイズマネー」です。得たお金をも、他者のために捧げることのできる人、僕はそのような人が本当に偉い人なのだと思います。

得たものではなく、与えられたものをどう使うか。

その使い方によって、本当の偉さ、つまり人生の豊かさが決められるのだと思います。

日野原先生のような、生涯現役の人生に憧れています。どうしたら先生のように何歳になっても仕事を続けられるのでしょうか？

僕は確かに１００歳を超えても、病院の現場で医者として働いてきました。あなたはそのことを指して、僕のことを生涯現役だとおっしゃるのだと思います。憧れるという風に言ってくれて、それ自体はすごく嬉しいことではありますが、今この瞬間の僕自身の姿というのは、みなさんがイメージする現役の医師であるかといえば、どうでしょうか。

今僕は身体を病み、職場である聖路加国際病院へ毎日足を運び、患者を治療することはかないません。あんなに全国を飛び回っていた講演会なども、以前ほどできなくなってきました。

あなたのイメージする現役とは違うかもしれないけれど、それでも僕は、自分自身のことを今も現役であると思っているわけです。

では、そもそも仕事とはいったい何なのでしょうか。

ライフワークという言葉がありますが、僕にとって働くというのは生きることと同義です。

会社でどんな待遇なのか、どれだけ稼いでいるか、そういうことではなく、自分が生きていることをどれだけ社会に還元できるのか、もっと言えば自分に与えられた命という時間をどれだけ人のために使えるかということが、働くということなのです。

それは、使命と言い換えてもいいかもしれません。

特定の誰かのためでもいいし、社会のため、未来のためでもいい。利他の精神がある限り、人間にとって仕事に終わりはないのでしょう。

そう考えるから、今こうして車椅子の生活になっていても、僕にはできる仕事がある。そう信じられるのです。

自分の使命と向き合い続けることで、自然と生きることと働くことが一体化していく、そんな状態こそ理想の現役像といえるのではないでしょうか。

◯先生の次の目標は何ですか？

今日も生きさせていただいている。

そう実感する日々の中で、新たな目標を問われ、真っ先に考えるのは、頂いた命という残り少ない時間をめいっぱい使って、人のために捧げるということです。

そしてその過程で、未知なる自分と向き合い、自己発見をすること。それを最期のその時まで絶え間なく続けていくということです。

そのためには、これからも何度も何度も苦難にあうでしょう。でもその苦しみが大きければ大きいほど、きっと自分には大きな自己発見がある。それを越えてなお、自分の時間を人々に捧げる。

その喜びは苦難と比例して大きなものであると信じ、ただただ、ありのままに、あるがままに、キープオンゴーイングです。

書斎のファイルから⑭

自分を表現する仕事とは、その中身をどのようにも変え得る、自由度の高いパフォーマンスである

一歩を踏み出せば
見えてくる景色が変わる。
行動こそが不安を打ち消してくれる

書斎のファイルから⑯

何かの目的を心に抱き
はじめて希望が生じる。
やりたいことがない者には希望はない

書斎のファイルから⑰

偶然を待ち受ける心、失敗を徹底して検証する姿勢

変化を恐れない。
未知とは、変化する可能性のこと。
変化していく自分を待望してほしい

おわりに――輪嶋東太郎

2017年7月18日、午前6時30分頃、日野原重明先生は105年と10か月にわたる長いこの地上での旅路を終え、神様のもとへ旅立たれました。直後にご連絡をいただいた私は、当日出張先の山口から東京へ戻り、先生のご自宅でお別れをする機会をいただきました。

「この世で、これほど透明なものを再び見ることがあるだろうか……」

まるで清らかな聖水を思わせるみずみずしいお姿に、まだ息をしていらっしゃるような錯覚を覚え、私は何度も先生のお顔に耳を近づけ確認せずにはいられませんでした。

この本は、先生が望まれた「対話」の形をとるために、2016年12月29日から、年末年始を除き1月31日までほぼ毎日、ご自宅のリビングルームで行ったインタビューをもとに作られています。

先生の語られた「言葉」をできうる限り忠実に再現したつもりですが、それぞれの章の最後に大きな字で書かれている言葉は、講演の準備として、また患者さんにかけて差し上げる言葉として、生前にノートやファイルに書き溜《た》めていらっしゃった、まさに先生ご自身のお書きになったものです。

ひと月にわたるインタビューの間ご自宅で転倒され、肋骨にヒビが入ってしまい、他のすべてのスケジュールをキャンセルされた先生ですが、このインタビューだけはどうしても受けたいという強いご希望で、痛みをこらえながら、回復されるまでの数日はベッドの中で私たちと対話を続けてくださいました。

日頃「疲れた」という言葉さえ決して口になさってこなかった先生が、さすがにこのときはご家族に「痛い、痛い」と漏らしながらも、インタビューのときには気丈に、そして朗《ほが》らかにお話しくださっていたのも、今思えば、この本が最後のものになるということをどこかでお感じになって、いわば「命がけ」で臨んでくださっていたからなのでしょう。

インタビューを終えられた先生は、なにか一つの区切りをつけたかのように、急に体調を崩されました。そして3月には聖路加国際病院に入院なさいました。ご本人は軽い検査のおつもりだったようですが、ご家族はドクターから思いもよらない説明を受けられます。

肺炎のため口からの栄養をとることは止められ、延命治療するかどうかの打診を受けたのです。もしそれを拒否した場合、残された命は早くて2日、長くても1週間かもしれない、ということでした。

ご家族はそのことをご本人に告げるべきかどうか、苦悩されました。

その選択をご自身に委ねるため、いよいよ明日ドクターから先生に現状を説明するという日、私は病室で先生にお目にかかりました。

私を見るなり、「一緒にお祈りしてください」と言われた声の力とは裏腹に、そのあまりにも衰弱されたお姿で、それでもまだ「死を受け入れる」よりも、「生に向かって生きる」ためにもがいていらっしゃるようなご様子に、私は胸が潰《つぶ》れそうな思いでした。

翌日、先生が、延命治療を拒否されたこと、そして、ご自宅に帰りたいとおっしゃったことを、日野原眞紀さん（この世で先生のことを誰よりも愛おしみ、大切に大切にお世話なさった、先生のご次男の奥様）から知らされました。そのとき、「あー、先生は死を覚悟されたんだ。だから、医学的な措置を拒否されて、ご自宅でその時を迎えると決心なさったのだ……」、そう思うと涙がとめどなく頰をつたいました。

先生、でも私はあのとき、まだ日野原重明という人を、全然理解できていませんでしたね。

ご自宅に戻られた日野原先生は、眞紀さんの手厚い介護に守られながら、突然、まるで子どものように「わがまま」を始められます。「大きなグラスに氷を入れてお水ちょうだい」。肺炎のさらなる悪化を懸念して禁じられていたので「お医者様から止められています」と告げる眞紀さんに「私が医者だ！」と譲らず、ご自分のペースで、ご自分の思うままを要求されるようになったのです。

そして「まもなくかもしれません」とドクターに言われる数回の危篤状態を乗り越え、5月には「7月からの予定はキャンセルしないでほしい」とおっしゃるほど、嘘のようにお元気になられました。

先生が延命治療を拒否したのは、死を覚悟したからではなく、生きるため、もう一度挑戦するためだったということが、今になるとはっきりとわかります。そうでなければ、その後ドクターをも驚愕《きょうがく》させる回復を見せることはあり得なかったはずです。遂に6月に眞紀さんは「これから先生のお世話はまだまだ長期になりそうですね」とドクターに告げられるほどになりました。

まさに奇跡というほかありません。いちばん信じられなかったのはドクターではないでしょうか。

ご自宅で元気になられた先生は、これまで一度も見たことのない穏やかで安らかな空気に包まれていました。

「本当に奇跡だよ、奇跡だね。僕の人生で、こんなに感謝という言葉を口にしたことはないよ」。大きな闘いを終えた後のような安堵《あんど》のお顔の中に、私はこの時初めて、先生が死を受け入れられたのだと知りました。死を受け入れるための「自己発見」をなさったのでしょう。

それからひと月半、先生の復活を信じ、長期の介護を覚悟されたご家族に感謝の言葉を残されて、先生は突然旅立たれました。

でもそのお顔は、この世での旅の、最大の山を無事に終えられた、満足感に満ち溢れていました。

日野原先生のおっしゃるとおり、人生とは実に不思議で素晴らしい出会い「エンカウンター（出会い）」に溢れています。音楽の道を歩いてきた私が日野原先生と出会い、こうして先生の言葉を遺すお仕事を託されたのですから。

本書にも詳しい韓国人テノール歌手ベー・チェチョルのプロデューサーとしてともに歩いた私が、日野原先生と初めて出会ったのは先生が１０２歳の秋でした。

べーさんの歌を聴いた先生が、いきなり立ち上がり「私の102年という決して短いとは言えない人生の中で、歌を聴いて神様を感じたのはこれが初めてです」と感激の声を上げられたときから、私の人生が先生と交わり、その出会いが「日野原重明プロデュース べー・チェチョルコンサート」の全国での開催という実を結び、その回数は10ステージを超えました。

毎回毎回忘れがたい素晴らしいお話を聞かせていただきましたが、中でも個人的に私には特別な思い出があります。

2016年7月31日、東京オペラシティでのコンサートに、美智子皇后陛下（当時）がご臨席くださったときのこと。先生は、2階正面の最前列中央、皇后陛下のお隣の席でお聴きになられていました。ベー・チェチョルが必ずコンサートの最後に歌うことにしている日野原先生ご自身の作詞・作曲による「愛のうた」（P98参照）を、その日もアンコール最後の曲として歌う場面になりました。

いつもは舞台で歌うベーさんの横でその歌に合わせて指揮をなさるのですが、この日はご自分のお席から立ち上がり、舞台上のベーさんに向かって、皇后陛下のすぐ横で指揮をなさいました。

指揮が終わり、会場が感動の歓声に包まれる中、感極まった日野原先生は、思わず皇后陛下とハグなさったのです。その光景は会場全体がどよめくほど、実に美しいものでした。

よほど感激なさったのでしょう、公演後私に「僕、美智子さまとハグしちゃったんだよ。思わずハグしちゃった」と、何度も何度も、本当に何度も、嬉しそうにおっしゃる姿は「大先生」というよりまるで小学生のようで、「シゲアキちゃん」と呼びたくなるほど、可愛らしく愛おしいものでした。

もう一つ。

大阪のザ・シンフォニーホールの舞台袖でのこと。コンサート前半で、いつものように聞き手として先生とともにトークを行うために、楽屋から舞台の袖に走って行った私は、開演1分前というのに舞台袖でネクタイを締めているようなありさまでした。

その日リハーサル中に次々と起きた思わぬハプニングに時間と神経を使い、頭の整理がつかないまま、ステージへ出なければならない状況の中、私は珍しく自分がとても緊張しているのを感じました。先生との大切な時間、その大切なお言葉をどうやって皆さんと共有するか……。

そのとき、車椅子で出番を待っていらっしゃった先生に「先生は緊張なさることはないのですか」とお聞きしたのです。穏やかに、しかし泰然と動じないお姿の先生に、思わず救いの言葉を求めたのかもしれません。

そのことをお察しになったのでしょうか。息の上がった状態の私に、ニコニコしながら先生がかけてくださったのは、「ありのままに、あるがままに」という言葉でした。

その瞬間、全身が緩《ゆる》んでいった感覚をはっきりと覚えています。そしていつもの自分を取り戻し、まるでおじいちゃんとお話をする孫のような気持ちで、舞台をつとめることができたのです。

私が52歳、先生が104歳。先生の人生の丁度半分を生きた年の春。

車椅子に乗り、そして背中もかなり丸くなり、お身体は小さくなられた先生でしたが、そのときの私の目には、私よりもずっとずっと頑丈な大男にしか見えませんでした。暗いステージ脇で、優しい光の中でキラキラしながら微笑《ほほえ》んでいらっしゃったそのお姿を、私は生涯忘れることはないでしょう。

人間は弱いものだよ。

死ぬのは僕でもこわいんだよ。

自分のことはいちばんわからないから、一生かけて発見していくものだよ。

対話という交流の中で、先生が私たちに遺したかった最後の言葉。

それが、この本を手にされた「あなた」にとっての、生きる力となりますように。

そのことこそが、聖書の「言葉」に105年という人生を歩くための杖を求め続けた、偉大な一人の人間が望んだことなのですから。

先生。
先生がそちらに行かれてから、ひと月が経《た》ちました。

今は大好きなイエスさまの近くで、ゆっくりお休みできますね。
美智子皇后陛下になさったように、
イエスさまともきっと熱いハグをしていらっしゃるのでしょうね。

でもそちらでも、また忙しくお仕事していらっしゃいますか？

先生がおっしゃったとおり、先生が亡くなってから、
先生の姿が毎日毎日、より鮮やかになっています。

先生、お会いしたいですね……

でも、天の国で必ずまたお会いできますね。
そのときは、私ともハグしてくださいね。

たくさんたくさんの幸せをくださって、
そして言葉の力を教えてくださって
ありがとうございます。

再会を信じています。

先生、
今ひとときだけですけど……
さようなら。

日野原重明氏　ご本人のあとがきにかえて

本書制作のため、約1か月にわたり毎日行われたインタビュー形式の取材。最終日となった1月31日、日野原重明氏は、おひとりで30分以上にわたりお話を続けられました。

そのお姿は、あちらの世界とこちらの世界を行き来しながら語っているような、実に不思議な光景で、取材をしている我々も、思わず固唾《かたず》をのんで聞き入りました。

あくまでも、会話の中であったこと、またご本人も目を瞑《つむ》り、まるで混濁《こんだく》する意識の中でお話しなさったかのようなものであるため、文章としては決して整ったものではありません。

しかし、まるで一編の詩のようなその言葉を、私たちは生涯をかけてなんども、なんども読み返しながら、その中にある意味を繰り返し感じる作業をしなければならないのではないか……。

そのような思いで、本書を締めくくる最後のメッセージとして、日野原重明氏ご自身が私たちに語られた言葉のすべてを、ほぼ手を加えることなく、あえてそのままここに記すことにいたします。

「生きていくあなたへ」　日野原重明　最期のメッセージ

今日がみなさんとのお話の最後ですね。

今日の日を迎えることができることが感謝です。
その感謝の度合いは、これまでと全然違う。
生きててよかったなぁっていう思いなしには、今日《こんにち》はない……

しぶとく、重い病《やまい》を持っているからこそ、
その病を克服して、

よく今日この時を持つことができたなぁっていう、
感謝の気持ちがいちばん強い。

そう思えたのは、病のおかげ。

それが大きいですよ。
病が大きかっただけに、
感謝の気持ちを、
絶大な感謝の気持ちを持ちますね。

つらさと喜び

両方が一緒になって……

苦しみが強かっただけに、
今の感謝は以前の感謝よりも
何倍も何倍も大きなものとして、
私をリバイバルさせてくださった。

リバイバルの思いが、
私にとって大きな自己発見ですね。
苦しみを越えていく
そのダイナミックさっていうのを、感じるんです。

それが大きな自己発見。

苦しんでこそ
はじめて今の実感が出てきてくれる。

やっぱり苦しみと同時に喜びが、あるんだなぁと……

今日みなさんと一緒にあることは、
これまで苦しかっただけに……
苦しかっただけに、
報いが与えられたんだな、という思いがします。

長生きをしなければね、
感謝がこれほど絶大なものであるということは
考えられなかったね……
何とも言えない……

聖書は「苦しみを感謝しなさい」という。
若い時には私にも難しかったね……
苦しみの連続がある中で
感謝するっていうことは、
異様なほど困難ではあるけれども、

にもかかわらず。

このことは「にもかかわらず」。
私の人生ではいつも、
「にもかかわらず」っていう「言葉」が
「困難」にくっついている。

困難にもかかわらず、
やっぱり感謝しなくちゃならない。

よど号のときも、
家内と一緒に二人で抱き合って
これからは私達の命ではない。
だから今まで以上の生き方を
二人でやろうと誓った。

あのときの、私達の心情。
その心情は、まだまだ今でも続いて……
続いているんだなぁという思いがします。

その連続また連続。

みなさんとね、
こういう風に心の中を割って話ができて……
今日このような、美しい青空を見てね……
この青い空を見上げる私達の瞳。
これは、最高のもの。

この最高を、私達は感謝しないと……

ただ「最高のものを与えられてよかった」って
言っているだけでなくて、
与えられた喜びを、
どうやって他人に恩を返すかっていうこと。

私達の喜びを、自分の懐《ふところ》だけに入れるんでなしに、
この喜びを、どうすれば
みんなの喜びとして
持ち続けることができるかということを
今さらながら、強く感じるのです。

「ああ幸せでよかったね、よかったね」って
思うだけでなく、
その幸せをみんなと一緒に共有しようという気持ちが、
今私に静かに迫ってくる……

つらかった過去に、報いるためにも、
これからの生活を通して、
感謝をどう形にすることができるか……
そう考える静かな喜びがじわじわと、
私の中へ生まれてくるのです。

これこそ、本物の物だと、
これこそ本物だという感じが、
今にして、私の心を満たしてくれている。

そういう喜びは
今までには感じられなかった。

借り物ではない
本当の喜び……

この喜びは、
決して自分たちだけの喜びでなくて、
これこそみんなのもの。

喜びを分かち合う共同体。
私達が、共同体としてあることの、喜びと感謝。

その共同体の喜びの中に、
私達の本当の自己発見があるに違いない……

これまで本当に、つらかった……

でもそのつらさの中に、
やっぱり、本当のものが与えられた。
それを、みなさんと一緒に
私は静かに考えたい……。

感謝を、どう言葉に具現化するかということ……
そのことを、もっともっと真剣に考えて、
杖を持って歩く
四国のお遍路《へんろ》さんのように
旅に出るような
そんな感じがして……

長い人生の旅を、
私は、ここからまた
出発していかなきゃならない。

そのときの杖が「感謝の言葉」。
感謝が私のシンボルであります。

そしてその旅の中には、
思いもよらない苦しみがあるに違いない。
それは必ずある。

しかし、苦しみがあってはじめて、
その旅が報われるんではないか……
そのことを深く感謝したい。

今私は、新たな旅立ちの心意気を感じています。
言い尽くせない感謝の気持ちと
言い尽くせない喜びを胸に、
修行のような私のこの旅を、
静かに、トボトボと、
もう少し続けたいという気持ちがしています。

これ以上ない感謝の気持ちで、
もう少し歩いていこうではないかと……

イエス・キリストは手を開かれ
「ここに来たれ」とおっしゃった。
手を開いて、来たれと言われた。
イエス・キリストが来たれと言う、
あの、強い静かな言葉……

イエス・キリストの御心を、
私の生涯の中でどのように受けるべきか。

我に来たれと言われたイエス・キリストの言葉と、
あの手を開かれている、ジェスチャーと……。

自分がさらに本物となるために、
手を開かれたイエス・キリストの姿を
静かに思い描いているのです。

なんとこれは感謝をすべきであろうか、
これ以上、感謝することはない……

私の長い人生が終わろうとしているけれども、
この手を開かれたイエス・キリストの招きを、
私の人生だけではなくて、
これから人生をまだまだ長く続けていく
あなた達と一緒に、
どのように受け継いでいくか……

それが静かなる、私の修行の心を、
みなさんの前で、語り続けることだと思うのです。

みなさんとご一緒に、

同じ旅路を、私は旅しているんだ、
そのためにこうして集まってきたんだ。

私達の本当の友は、
こういう修行の中にこそ生まれてくるんだと、
私はしっかりと、認識して、生きていきたい。

そのことを、どんなに私は感謝すべきか……。

いま、みなさんと一緒にここにいる……
つらさ以上の喜びはそこにある。

クラークさんは「ボーイズビーアンビシャス」という
「言葉」を遺して北海道を去っていったけれども、
私は「キープオンゴーイング」。

この「言葉」を
若い人と一緒に、みなさんと一緒に口にして、
みなさんと一体化して行動すること。

感謝に満ちた気持ちで、キープオンゴーイング。

キープオンゴーイング。
さらに、前進また前進を、
私達は続けなくちゃならない。
喜びと感謝でキープオンゴーイング。

私もみなさんとともに、人生の旅を、
まだまだ、続けていきたい、
そう思っているわけであります。

心から、心からそう感じているのが
今の私の大切な心情だということを、
繰り返しお伝えしたい。

私のいちばん好きな言葉は
「エンカウンター」
私の人生でのみなさんとの出会い……

みなさんの思いと
私の思いを合わせて、
なおこの旅を

続けていこうではありませんか。

行きましょう。

キープオンゴーイング。

2017年1月31日　東京玉川田園調布の自宅リビングルームにて

風吹きて
庭のみどりが
ささやける
私はこれをみて
ありがとうの言葉を
捧げて言うと
眠るよ静かに
2017年5月12日

文庫版に寄せて
「死と向き合った最期の半年」——日野原眞紀

日野原重明先生が語った最期のメッセージ。それが『生きていくあなたへ　１０５歳　どうしても遺したかった言葉』です。

この本の取材は２０１６年12月29日から２０１７年1月31日まで、二十数回、先生のご自宅で行われ、「対話の一冊にしたい」という日野原先生の希望から、質問に答えるという対話形式で本づくりが進められました。

日野原先生は、どんな思いで語り、また取材が終わった後、どう最期の時間を過ごされたのでしょう。

日野原先生が90代の頃からともに暮らし、毎日食事の用意をしたり、会話をしたりし、いちばん身近な存在としてそばにおられた、ご次男の妻である日野原眞紀さんに語っていただきました。

転倒した翌日も本の取材だけはやり通した

この本の取材が始まって半月ほど経った頃、義父はバスルームで転んでしまいました。本人の「大丈夫」という言葉に惑わされず病院に行くと、「肋骨にひびが入ってるかもしれない」と入院を勧められたのですが、義父は

「ウチに帰る」と帰宅。義父は医師として病院で仕事をすることには無上の喜びを感じていたのですが、一患者として入院するのはどうも好きではないようでした（笑）。

家には戻ったものの息をするのも痛い程の状態でしたので、翌日の仕事はもちろん全部キャンセルしました。この本の取材もお断りするものだと思いましたら、義父はこれだけは「する」と言ったのです。私は「寝返りすることもできない状態なのに」と心配しましたが、義父は意志の強い人ですから、やりとおしました。

ベッドに寝たままの状態でしたが、しっかり受け答えはしていました。たぶん痛みはあったかと思いますが義父は根が話し好きですので（笑）、ただ寝ているよりも語りたかったのかもしれませんね。それに、この本の取材はこれまで受けたことのないような内容だったということも、義父の好奇心を刺激したのではないでしょうか。私はキッチンでお茶の準備をしたりしながら、断片的に言葉を聞いていた程度だったので、そんなに重要なことを語っているとは知りませんでした。今になって、義父は後世の人に想いを伝えるために、痛くても辛くても「今しかない」という切迫した使命感にかられて語っていたのだと改めて理解したという状態です。

「死ぬのがこわい」と弱さもさらして

取材を受けていたある時、「死ぬのがこわくないですか？」という質問が聞こえてきました。本当にびっくりしました。義父はその時１０５歳になっていましたが、死という言葉をあえて言うことは家族は何となく避けていたのです。

「恐ろしい、そう聞かれるだけで恐ろしい」

というのが義父の答えでした。医師として終末医療にもかかわり多くの人の死を看取ってきた義父でさえ、自らのこととなると、目の前に迫り来る死の恐怖からは逃れられない……。またそんな自分の弱さを真っ直ぐに見つめ、自分の気持ちをさらけだしているのだと思うと、本当に辛かったです。

「2020年の東京オリンピックでは聖火に点灯する役をやりたい」なんて冗談交じりに言って、いつも生きる希望を語っていた義父ですが、〝その時〟が近づいてきていることは十分受けとめていたことでしょう。何をする時もこれが最後になるかもしれないという覚悟のもとで臨んでいたと思います。

だからこそ、「こわい」という気持ちを本音で語り、本に残しておきたかったのかもしれません。

延命治療について意志を確認すると

この本の取材が終わった2か月後の3月、義父は誤嚥性肺炎になってしまいました。かなり重篤な状態で、患者として病院にいることが好きではなかった義父も、さすがに「病院に泊まる」と言って入院しました。口から何も飲食できなくなった義父はどんどん元気がなくなり、声も小さくなって……。「このままでは、1週間位で最後の時を迎えるかもしれない」というほど、切迫した状態になってしまいました。

私はどうしていいかわからず、病室のベッドサイドで義父に、

「私に何かできることはありますか？　何をしてほしいですか？」

と聞きましたら、義父は、

「そばにいてほしい」

と、か弱くなった小さな声で、私に伝えてくれたのです。


義父には息子が3人いるのですが、全員集まって、「父の今後に向けてどうするか」という話し合いがなされました。父らしい最期を迎えてほしいという思いはみな同じでしたが、延命処置をするかどうかについては意見が微妙に分かれました。私としては「まだ生きていてほしい。義父がいなくなるなんて、もったいなさすぎる」という思いが正直ありました。また、何の根

拠もないけれど、「このままで義父が終わるはずがない」という予感がして、それを信じたくもあったのです。

結局、家族間では結論がみつからず、最後は本人の意志を確認するしかないということになりました。でも、家族の誰かが聞くと、義父は相手の意志をくみ取ってしまうかもしれない。だから、病院のドクターから話していただくことにしました。すると義父は延命の話が出るやいなや、ドクターの話を最後まで聞かず、

「しません！　延命治療はしません」

と、きっぱりと答えたのです。

それなら、義父がいちばん好きな家で過ごさせてあげたいということになり、ストレッチャーに乗ってもらって、その日のうちに帰宅しました。

あと数日になるかもしれない、という誰もが覚悟を決めたような状況の中で、やはり私は、「義父はこのままで終わるはずがない」と、強く信じる気持ちがありました。

ともにあり、ともに笑う存在

退院後は、自宅がそのまま病室という状態になって、ドクターやナースの方々が管轄を越えて、それはそれは手厚く看護をしてくださいました。おかげさまで4月後半ぐらいから、自分の口から流動食も食べられるようになり、やがてとろみ食になって、みるみる元気になっていきました。義父は、まだ生きて、果たしたい使命があったんだと思います。

「介護は大変だったでしょう」と言ってくださる方もいるのですが、私がしたことは介護や看取りでもなんでもないんです。私は義母が亡くなる前から一緒に暮らし、時間に追われながら、つじつま合わせのおそうざいを作ったり、国内外の出張に同行させてもらったりと長い時間そばにいただけ。特に、義父の晩年は、ドクターやナースが頭が下がるほど心を砕いてくださいましたし、秘書さん達もいろいろ対応してくださったのでベッドサイドが仕事場として機能していました。また、身の回りのことはヘルパーさんが交代でサポートしてくださって、とても恵まれた状態でした。だから私はいろんな人の下働きで、温タオルを持って走ったり、あれやこれやと動きまわっていただけなのです。

なにより私は義父のことが大好きでした。社会的に見ると、人のために行動する偉い先生だから、好きなんて言葉を使ってはいけないかもしれないのですけれど、義父と一緒にいると、本当に楽しかったのです。だから一緒に過ごす時間を嫌だと思ったことはありませんでした。

それは、私だけではなく、義父と接していた多くの方々が同じ気持ちだったのではないでしょうか。義父はどんな人にもわけへだてなく、温かく接する人でした。義父がいると、まわりにいつのまにか明るく温かな空気が流れる、そんな不思議な存在でした。

家でもプラスの言葉しか口にせず、イヤなことは絶対言いません。ポジティブな話し好きで、帰宅して靴も脱がないまま、玄関でまずその日あったトピックスを報告してくれるのです。ユーモアを交えていろんなことを話してくれて、迎えに出た私はどれだけ笑ったことでしょう。

まわりからは本当の親娘に見えることもあったようで、次男である夫に「いいお婿さんですね」とおっしゃる方さえいました（笑）。それぐらい、自然ないい関係だったと表現しても許されるでしょうか。

たった一度の不機嫌

ただ、自宅での療養中に私のせいで、義父を本当に不機嫌にさせてしまったことがありました。

義父はとてもおだやかで普段はわがままを言ったりする人ではなかったの

ですが、誤嚥性肺炎になってからは食べ物にいろいろな制限ができてしまって、それが辛かったのか、ある時期、次々と難題をぶつけてくるようになったのです。

とろみのあるお水を飲まなければいけないのに、

「さらさらしたお水が飲みたい」

と言う。望みどおりにしてあげたいとは思うのですが、喉をつまらせてはいけないと、こちらも、あれもダメ、これもダメとなってしまって……。

ある時、

「ホテルの朝食みたいな、こんがり焼いたトースト、かりかりのベーコンと目玉焼きが食べたい」

と言い出した時は本当に悩み、困りました。

電話でドクターに相談すると、当然「やめた方がいいでしょうねー」とおっしゃるし。すると、義父は「僕が医者なのだから」と言うし。仕方なく、「どうせ食べられないでしょうけれど」と、半分、開き直りの気分で希望のメニューを作ってベッドサイドに持っていきました。すると、義父はあっという間に目玉焼きを飲み込み、次はぱっと焼いたトーストを口に入れようとしていたのです。私は「危ない!」と声をあげるより先に、とっさにトーストを取り上げ、ミルクコーヒーに浸けてしまいました。「硬いトーストが食べたかったんだ!」と、あんなに義父が怒ったのは初めてでした。それから不機嫌な表情になり、一日間ぐらい口をきいてくれなくなってしまったのです。

しばらく時間をあけて様子を見に行っても、私が近づくと、ぎゅっと目をつぶってたぬき寝入りで拒否されてしまって……。

その時「あなたの介護は良くない」と言われましてね。私は義父の前では明るくふるまっていたのですが。それまでは、「あなたの介護は素晴らしい」と言ってくれていたのに、このことがきっかけで真逆になってしまい、本当に心の底からショックでした。

翌朝に、「じゃあ体操しましょうか」と起こしに行った時はうちとけて、それからは普通に戻りましたが。私は、いつもポジティブなことしか口にしない義父にそんな嫌な思いをさせてしまったことが申し訳なくて。硬いトーストを食べてもらう以外に、もっと違うアプローチがあったのではないか、ひょっとしたらたとえ危険なことになっても好きなものを食べさせてあげたほうが良かったのではないかと、今でも答えを出すことができないでいます。

よくよく考えてみると、義父はただ好きなものを食べたかっただけではなく、医師の視点から「自分はまだこれができる」あるいは「できない」ということを自らの身体で確認したかったのかもしれない。そんな義父の真意を、浅はかな私はわからなかったのでしょう。もっと余裕を持って接することができていたら……と、今も悔やんでいます。

でも世の中には大変な介護をしなければならず、苦しんでる方がいっぱいいらっしゃいますからね。こんなささやかなことで悩める私は、すごく恵まれていたのだと思います。

この本の取材で、「家族とは？」と聞かれて、「一緒に食卓を囲む存在」と義父が答えているのを読んで、私は本当に嬉しかったです。自分のいたらなさに悔やんだ時も、その言葉は支えでした。と同時に、食事の準備に走りまわるだけでなく、一緒にゆっくり食事を楽しむ時間をもっと作ればよかったなぁと思ってしまいます。

ニコニコ笑って「死ぬ瞬間が楽しみなんだよ」と

2017年の夏を迎えたころから、義父は少し弱ってきましたが、それでもお見舞いのお客さまがいらっしゃると、機嫌よくお迎えして、一緒におしゃべりしたり、讃美歌を歌ったりしていました。

そして7月に入ってまもなくの頃でした。ある方がお見舞いに来てくださった時に、義父はこんな話をしてくれたのです。

「今まで僕は短いとは言えない人生の中で、いろんなことを経験してきたけれど、まだ経験したことがないことがあるんだよ」

「それは何？」と聞くと、

「僕はまだ死んだことがないの」

と、おだやかに言うのです。

「3月に倒れた時には、綺麗なお花畑があって、そこで誰かがいらっしゃいいらっしゃいと手招きしてくれたんだけど、僕は行かなかったんだよ。でも、僕は間もなく逝くことになるよ。その時に、誰が僕の手を携えて、天国まで連れていってくれるのか、その瞬間どんなことがおこるのか、想像するだけで楽しみになってきたんだよ」

そう言って義父はニコニコ笑っていました。本当におだやかに……。

半年前、この取材が行われた時には「死のことを考えるだけでおそろしい」と言っていた義父が、その瞬間が「楽しみ」という気持ちに変わったのです。

これは私の受け取り方ですが、義父は自分のこととして、本当の意味で死を受容したのだと感じました。しかも、それを楽しみに変えて。義父は晩年「キープオンゴーイング」という言葉を好んで使っていたのですが、自分の死に対しても「おそろしい」という気持ちから、変化を受け入れ、「キープオンゴーイング」の精神で立ち向かっていくようになったのではないかと思います。

人というのはそんな境地に達することができるのかと、私はあらためて義父の偉大さを思い知りました。また、家族の一員として、「おそろしい」と言っていた義父がおだやかな気持ちでその時を迎えられることになって心から安堵しました。と同時に自分自身も癒されるような感覚があったのです。

それから間もなく、義父は、「いつ急変してもおかしくない」と言われる状態になってしまいました。

義父はそれでもギリギリまで、自分の口から食べたり飲んだりしていたのですよ。とうもろこしが大好きだったので、コーンクリームスープを作って出したら、「おいしぃぃ」と言って三口食べたのが最後でした。それからは、もう食べることも、話をすることもできなくなってしまいました。

そして、7月18日未明でした。

私はできる限り、義父のベッドサイドにいたのですが、その日にかぎって、「今晩は安定して大丈夫そうですから、眞紀さん少し寝てください」と言われて、久しぶりに自分の部屋で休んでいました。しばらくすると「様子がおかしいんです。来てください」と呼ばれて、すぐにベッドサイドにかけつけたのです。しかし、もう義父の呼吸は止まっていました。ちょっと微笑んでいるような表情で、ただ眠っているという感じで――。そばにいてくれたヘルパーさんでさえ、いつ息をひきとったかまったくわからなかったそうです。それぐらい安らかな最期でした。

105歳まで生きて、大好きな自宅で最期まで過ごし、いろんな人に惜しまれながらおだやかに逝けるなんて、義父は本当に幸せな人だと思います。

言葉を紡ぎ続けた人の最後の本

あれから月日がたちましたが、私は義父のことを思わない日はありません。義父が遺してくれた様々な本に触れると、これまで以上に深く重く感じるようになりました。

義父は言葉を紡ぐことを何より大切にしていました。家に帰ってくると、1分後にはペンを握っている。100歳を過ぎてもなお、寝る間も惜しんで原稿を書いていました。

たまに、ペンを握った義父に、

「何を書こうとしていらっしゃるのですか」と聞くと、

「何かを書こうと思ってペンを持つんじゃなくて、ペンを持ったら言葉が降りてくるんだよ」

と言っていたのが忘れられません。

亡くなる1か月ぐらい前までは、力がなくて解読しにくい字になってもそれでも文章を書いていました。ペンを握る力がなくなってからは、講演会をしているかのように、何かを語っていました。耳をそば立てると「病気のため、これが最後の講演です」と、お別れを言っていることもありました。本当はまだいっぱい語りたいこと、伝えたいことがあったのだと思います。

そんな義父にとって最後の本となったのが、この『生きていくあなたへ』

です。たくさんの本を執筆した義父ですが、こんなにも自分自身のことを語ったり、自らの病や死について言葉にしたのは初めてではないでしょうか。病を得て苦しい状態になってからも、語りたかった言葉や、遺したかった言葉がつまっています。

この本が〃一粒の麦〃となり、これから多くの人が実らせてくださることを、義父はきっと楽しみにしていると思います。

（取材・構成　伊藤愛子）

参考文献（順不同）

『聖書　新共同訳』／日本聖書協会
『星の王子さま』サン＝テグジュペリ（著）内藤　濯（訳）／岩波書店
『星の王子さま』サン＝テグジュペリ（著）河野万里子（訳）／新潮社
『セロひきのゴーシュ』宮沢賢治／福音館書店
『生き方　人間として一番大切なこと』稲盛和夫／サンマーク出版
『平静の心　オスラー博士講演集』ウィリアム・オスラー（著）日野原重明、仁木久恵（訳）／医学書院
『禅』鈴木大拙（著）工藤澄子（訳）／筑摩書房
『子どもを育てる聖書のことば』日野原重明／いのちのことば社
『しかえししないよ』日野原重明（詩）いわさきちひろ（絵）／朝日新聞出版
『僕は頑固な子どもだった』日野原重明／ハルメク
『置かれた場所で咲きなさい』渡辺和子／幻冬舎

企画構成・聞き書き　輪嶋東太郎
この作品は二〇一七年九月小社より刊行されたものです。

生《い》きていくあなたへ

105歳《さい》 どうしても遺《のこ》したかった言葉《ことば》

日野原重明《ひのはらしげあき》

令和2年4月10日　初版発行
令和5年4月5日　2版発行

発行人――石原正康
編集人――高部真人
発行所――株式会社幻冬舎
〒151-0051東京都渋谷区千駄ヶ谷4-9-7
電話　03(5411)6222(営業)
　　　03(5411)6211(編集)
公式HP　https://www.gentosha.co.jp/

印刷・製本―中央精版印刷株式会社
装丁者――高橋雅之

幻冬舎文庫

ISBN978-4-344-42973-4　C0195　ひ-9-2

この本に関するご意見・ご感想は、下記アンケートフォームからお寄せください。
https://www.gentosha.co.jp/e/